GEORGES BERRY

Député du IXe Arrondissement de Paris

1877

LA

MENDICITÉ

Le produit de la vente de ce livre — d'une lecture aussi instructive qu'attrayante — est destiné, par la Direction de l'UTILE-OFFICE, à fonder, dans un but d'intérêt général et humanitaire, une Œuvre de Prévoyance et de Mutualité.

PREMIÈRE ÉDITION

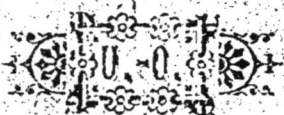

U.-O.

PARIS

MAISON D'ÉDITION DE L'UTILE-OFFICE

GABRIEL PARISOT, DIRECTEUR-FONDATEUR

47, Galerie Vivienne, 47 — (6, rue Vivienne)

(Entre la Bourse et le Palais-Royal)

1897

Journal des Commerçants

Organe particulier des Comités autonomes

PUBLIÉ PAR L'Utile-Office

pour la défense des groupes de Commerçants de chaque Arrondissement ou de chaque Localité. — **PUBLICATION HEBDOMADAIRE** paraissant tous les jours de la façon suivante (avec les modifications nécessaires pour chaque Arrondissement ou Localité) : *Le jeudi*, les 1er, IIe, IIIe et IVe arrondiss. — *Le vendredi*, les Ve, VIe, VIIe et VIIIe arrond. — *Le samedi*, les IXe, Xe et XIe arrondissements. — *Le dimanche*, les XIIe, XIIIe et XIVe arrondiss. — *Le lundi*, les XVe, XVIe et XVIIe arrondiss. — *Le mardi*, les XVIIIe, XIXe et XXe arrondiss. — *Le mercredi*, banlieue et province (*Chaque arrondissement ou localité a une couverture d'une couleur particulière*).

SUPPLÉMENTS QUOTIDIENS

Le Journal des Commerçants publie chaque jour, sous une rubrique spéciale, les sommaires des principaux journaux quotidiens et des publications périodiques. — L'annonce des Ventes mobilières et immobilières qui doivent avoir lieu à Paris ou en province, ainsi que la liste des Achats, des Offres et Demandes de Vente, d'Echange, etc., entre les Marchands de Curiosités et les Brocanteurs. — *La Mercuriale de Bons d'Aides Mutuelles et de Libre-Echange*.

Il est organisé un SERVICE GRATUIT et RÉGULIER du journal envoyé à domicile comme publicité et propagande. — l'abonnement au Journal, ainsi que les annonces collectives, *sont entièrement remboursés à notre Clientèle spéciale* de Commerçants et d'Industriels, en travaux d'impressions exécutés au prix courant, ou payables par ceux-ci un tiers en espèces en *Bons de Marchandises à prendre chez eux*. — Nos abonnés ordinaires sont remboursés du montant de leur abonnement avec ces Bons de Marchandises.

PRIX DES ABONNEMENTS ET ANNONCES. — Abonnements commerciaux, publicité collective comprise, donnant en même temps droit à tous les avantages attachés à l'UTILE-OFFICE : Un An, 15 fr. (soit 4 centimes par jour). — Six Mois, 9 fr. — Trois Mois, 7 fr.

Abonnements aux Suppléments spéciaux quotidiens du *Journal des Commerçants* : Paris, Trois Mois. 6 fr. ; Six Mois, 11 fr. ; Un An, 20 fr. — Départements, Trois Mois, 7 fr. ; Six Mois, 12 fr. ; Un An, 24 fr. — Union Postale, Trois Mois, 12 fr. ; Six Mois, 18 fr. ; Un An, 35 fr.

ENVOI GRATUIT SUR DEMANDE D'UNE SÉRIE DE NUMÉROS

La Maison d'Edition de l'UTILE-OFFICE (47, galerie Vivienne) se charge non seulement de toutes commissions en librairie, mais encore de toutes les démarches, courses, ventes, achats, etc., pour lesquels on veut bien recourir à son intermédiaire zélé et loyal. — Prière de bien vouloir toujours joindre un timbre pour la réponse.

GEORGES BERRY

Député du IX⁰ Arrondissement de Paris

LA

MENDICITÉ

Le produit de la vente de ce livre —
d'une lecture aussi instructive
qu'attrayante — est destiné, par
la Direction de l'UTILE-OFFICE,
à fonder, dans un but d'intérêt
général et humanitaire, une Œuvre
de Prévoyance et de Mutualité.

PARIS
MAISON D'ÉDITION DE L'UTILE-OFFICE
GABRIEL PARISOT, DIRECTEUR-FONDATEUR
47, Galerie Vivienne, 47 — (6, rue Vivienne)
(Entre la Bourse et le Palais-Royal)

1897

LA MENDICITÉ

C'est un sujet toujours neuf, bien que cependant on ait écrit sur la question depuis des siècles.

Et cela se comprend, car si les mendiants changent de costume, de façon d'opérer, de lieux d'habitation, suivant les pays, suivant les époques, il y a toujours des mendiants curieux à observer et dont l'étude est instructive pour les moralistes et utile pour les législateurs.

Et on peut dire que c'est avec un égal plaisir qu'on lit sur ce sujet la correspondance de Voltaire, les mémoires publiés sous le règne de Louis XV sur les Truands, sur leur existence, sur leurs repaires, sur leurs drôleries mêmes, et qu'on entre avec Victor Hugo dans cette Cour des Miracles où les plus jolies filles y donnaient rendez-vous à des galants de haute marque.

Et un auteur de grande envergure, comme l'était ce maître, nous intéresserait aussi bien aujourd'hui en nous dépeignant le Château Rouge, le Père Lunette, la Mère Gay, toutes parties de l'ancienne Cour des Miracles, ayant conservé les allures de cette dernière.

Mais s'il y a eu beaucoup d'écrivains ayant cherché à présenter à leurs contemporains cette partie de la population peu connue du public, je dois néanmoins constater que, seul, le côté descriptif y a trouvé son compte, et que nulle part, excepté dans quelques édits royaux dont personne ne s'est jamais d'ailleurs préoccupé, on n'a visé le côté sérieux de la question, c'est-à-dire cherché les moyens pratiques pour faire disparaître cette maladie de la société qu'on appelle la Mendicité, et qui, si elle peut prêter à des canevas de romans, voire même à de gracieuses poésies, n'en est pas moins, en somme, une plaie hideuse encourageant tous les vices parce qu'elle a pour première cause la paresse, et qu'en dégradant celui qu'elle atteint elle lui fait vite perdre notion du bien et du mal, du vice et de la vertu, la notion de la dignité humaine, et donne à ses contemporains un déclassé de plus, souvent même dangereux, par son exemple et par ses besoins, qu'il cherche à satisfaire sans apporter sa part au travail national.

Est-ce à dire qu'il faille frapper sans distinction ceux qui tendent la main, et dont quelques-uns n'ont subi qu'un instant d'égarement ?

Assurément non.

Puisque nous avons, dans la circonstance, à traiter des malades, c'est surtout de guérison dont nous avons à nous occuper ; c'est une plaie qu'il est utile de soigner d'abord avant de songer à la répression.

Cependant, empressons-nous aussitôt d'ajouter que nous rencontrons, hélas ! le plus souvent parmi les mendiants des malades récalcitrants, des coureurs de routes qui se plaisent dans leur état et sont réfractaires à toute idée d'amélioration ; à ceux-là il faut faire prendre le remède malgré eux, il faut appliquer le pansement forcé ; c'est alors qu'apparait la répression nécessaire

Mais avec quel tact, avec quelles précautions, avec quelle légèreté de main il faudra user de cette répression que certains moralistes ne tiennent même pas à justifier.

Et, en effet, le professionnel le plus endurci, fut-il le plus vieux cheval de retour qu'on puisse rencontrer, ne fait de mal à personne s'il se présente tel qu'il est ; s'il prend ce qu'on lui donne, quand il cherche à apitoyer le public sur son sort ; on ne peut vraiment pas dire que l'acte qu'il commet peut être considéré absolument comme un délit.

Il mendie, mais il ne menace pas ; il reçoit l'aumône, mais il ne dérobe pas le bien de celui qu'il implore.

Et pour pouvoir édicter contre lui des lois de répresssion, il faudra évidemment chercher des moyens détournés et considérer cette répression comme devant prévenir des délits et des crimes qu'un état de vagabondage peut, dans l'avenir, l'exciter à commettre ; ou encore il faudra voir dans la mendicité professionnelle une façon d'abuser de la confiance des donateurs, dans le but de se procurer des secours destinés aux vrais malheureux qui s'en trouveront ainsi privés.

Contre ce raisonnement, il ne me semble pas possible d'élever une objection.

D'abord, il est certain que l'état de mendiant ne peut qu'engendrer des délits et des crimes.

Nous n'aurions, pour le prouver, qu'à invoquer l'éloquence de la statistique qui nous indique que, sur cent voleurs condamnés, il y en a au mois quatre-vingts qui sortent de la catégorie des mendiants et vagabonds, et qui établit que vingt pour cent des assassins viennent des rangs de cette dernière classe de la société.

Mais point n'est besoin de statistique pour prouver ce que je viens d'avancer ; les faits sont ici tout à fait corroborés par la vraisemblance de ce qui doit se passer.

1.

En effet, le mendiant ne devient-il pas voleur et assassin, par la force même de son état ?

Son premier besoin est de maudire le monsieur bien mis, qui passe restant sourd à ses supplications ; de là à désirer s'emparer de ce que ce monsieur a dans sa poche, il n'y a qu'un tout petit pas bientôt franchi, et, sans qu'il soit besoin des conseils ou des excitations de camarades, notre homme en arrive vite à essayer de réaliser son désir.

Une fois le vol commis, il faut à tout prix éviter la prison, le juge d'instruction, le tribunal, et pour se mettre à l'abri des soupçons, le mendiant devenu voleur n'hésite pas à supprimer ceux qui pourraient le dénoncer, et de voleur il devient assassin.

N'est-ce pas la plus stricte logique ? N'est-ce pas le plus simple bon sens qui nous conduit à cette conclusion ? N'est-ce pas là une conséquence naturelle de la Mendicité professionnelle.

Donc, combattons hardiment la Mendicité dans notre pays pour arrêter d'abord le développement de la criminalité, et combattons-la aussi pour ne pas voir, oh ! comble des immoralités, les plus indignes des paresseux profiter des aumônes qui devraient n'appartenir qu'aux vrais malheureux.

Plus on réfléchit et plus on est convaincu qu'il y a là un détournement exercé au détriment des souffreteux, et détournement qui doit être qualifié d'autant sévèrement qu'il atteint des bontés qui ne peuvent se défendre.

Et certainement quand je dis qu'il y a là détournement, j'emploie bien le mot propre. Car le budget que chacun destine aux pauvres n'est pas élastique, c'est une somme fixe pour telle catégorie d'individus ; si une autre catégorie s'en empare, je ne peux vraiment pas appeler l'acte commis autrement qu'un détournement.

Certes, si le donateur faisait quelques efforts pour reconnaître le bon grain de l'ivraie, pour trouver celui qui a vraiment besoin, la tentative de détournement pourrait exister sans que ses effets aient à nous préoccuper.

Mais, hélas ! sans regarder la main qui se tend vers lui, le bienfaiteur laisse tomber son aumône. Tant mieux pour celui qui se présente le premier ; mais on peut être sûr que celui-là n'est jamais véritablement malheureux, ou n'est malheureux que par sa faute.

Donc, puisqu'il n'y a rien à attendre de la prudence des personnes charitables, force nous est d'avoir recours à une loi répressive pour empêcher le gaspillage de sommes qui suffiraient à soulager toutes les misères, et qui, détournées de leur destination, ne servent, pour la plupart, qu'à encourager la paresse et à développer chaque jour le nombre de mendiants professionnels.

De telle sorte que, lorsque ceux-ci reçoivent les faveurs du public, on lit à chaque instant dans les journaux des faits-divers comme le suivant :

La Misère

« Mᵐᵉ C..., âgée de quarante ans, et sa fille, âgée de quatorze ans, exerçant toutes deux la profession de danseuses, ont tenté, hier, de se suicider dans leur domicile, rue Laferrière, en absorbant du laudanum. Secourues à temps par les voisins, dont l'attention avait été éveillée par leurs gémissements, elles ont été transportées, à peu près hors de danger, la mère à Lariboisière et la fille à l'hospice des Enfants-Assistés, rue de Sèvres.

C'est malheureusement encore à la misère qu'il faut attribuer cette double tentative de suicide. »

Ou encore comme cet autre :

Mort de faim

« Hier, sur la place du Trône, on ramassait le corps inanimé d'un homme proprement mis et qui succombait avant l'arrivée du médecin.

» Il fut constaté que le malheureux était mort de faim.

» C'était un menuisier qui ne travaillait pas depuis quelque temps, et, au dire des voisins, n'avait pas cessé un seul jour de chercher de l'ouvrage ».

C'est pourquoi il n'y a pas à hésiter à

appliquer, à ceux qui ne veulent pas qu'on les guérisse de la maladie de la Mendicité, un système de répression qui les oblige à se laisser soigner.

C'est de cette façon qu'ont agi la plupart des nations civilisées, et il faut bien reconnaître que, dans ces sortes de questions, la France ne brille pas par son initiative.

Et si les efforts des nations qui ont entrepris de faire disparaître de chez elles la Mendicité n'ont pas tous été couronnés d'un plein succès, il n'est pas possible de nier qu'en Allemagne, en Suisse et en Belgique les tentatives de lutte contre la Mendicité professionnelle au profit de celui qui souffre ont produit les plus sérieux résultats.

C'est pourquoi j'ai pris, en France, l'initiative d'une campagne analogue.

Attacher un grelot, avec l'intention de le faire sonner, jusqu'à ce qu'on ait parcouru toute la route, c'est aller presque toujours au succès.

Aussi ai-je attaché mon grelot, et l'ai-je attaché avec la résolution de faire tout ce qu'il faudra pour qu'on l'entende sonner.

Et maintenant, comme pour attaquer une organisation, la première condition et de bien la connaître, nous allons étudier soigneusement les mendiants, montrer leurs trucs et les suivre dans leurs lieux de rendez-vous.

CHAPITRE PREMIER

Les Mendiants se divisent en quatre catégories distinctes : les invalides et malades,
les truqueurs, ceux qui font de la mendicité
déguisée, et enfin celui qui n'a recours à aucun vice et se contente de tendre la main au
passant.

Comme, sans conteste, le mendiant qui se
pose atteint d'infirmité ou de maladie attire
le mieux la compassion du public, ce sont
les invalides et les malades qui composent
la plus grande partie de l'armée mendiante.

Il convient donc de commencer par eux.

LES INVALIDES

On se laisse toujours apitoyer par les
plaintes et les prières des malades, et cependant, si on raisonnait un peu, on serait moins

facilement exploité par les mendiants infirmes.

En effet, nul n'ignore qu'il y a, à Paris et dans les autres villes de France, de vastes hospices qui s'ouvrent toujours devant le véritable invalide. Alors, ou cet individu qui vous tend la main est un faux invalide, et il n'y a qu'à repousser sa demande, ou il est réellement malade, et, comme il se sert de ses infirmités pour se faire des rentes, il ne mérite aucune pitié.

Dans les deux cas, c'est une exploitation de la charité publique; c'est un pauvre qui n'a droit à aucune sympathie, et auquel on doit refuser tout secours, si on ne veut pas contribuer au développement que prend chaque jour la Mendicité professionnelle.

Voyons donc les différentes catégories de mendiants invalides qui défilent devant le public.

L'Aveugle

Il y a peut-être de vrais aveugles qui se promènent avec un chien ou un guide pour implorer le passant; mais, après une enquête

de dix ans, je suis obligé de déclarer que,
chaque fois que j'ai cherché à connaître la
situation exacte de l'aveugle qui m'implorait,
je me suis toujours trouvé en face d'un faux
aveugle.

C'est si facile, au bout de quelques jours
d'apprentissage, d'ouvrir de grands yeux
tout blancs, ou de parer ses paupières closes
d'une croûte rouge.

Et pourtant tout le monde se fait prendre
à ce stratagème, les médecins eux-mêmes, à
moins qu'ils ne s'astreignent à un examen
sérieux qu'ils négligent trop souvent.

Je pourrais raconter cent histoires de faux
aveugles, mais deux suffiront pour édifier les
trop crédules.

Le premier qui me mit sur mes gardes
m'apparut, en 1875, sous les traits d'un fort
et grand gaillard, les yeux cachés derrière
des lunettes bleues et exploitant les habitants
de Poitiers. Il était tous les jours assis sur
une des marches de l'escalier qui conduit
de la gare dans la ville.

Un soir que, passant par là, il m'avait
ennuyé de ses récriminations, je l'appelai,

je ne sais trop pourquoi, faux aveugle. Aussitôt, se levant comme mû par un ressort, et oubliant qu'il devait rester aveugle même en présence des insulteurs, il se rua sur moi en ouvrant de larges yeux bien sains, et j'eus toutes les peines du monde à éviter les coups de bâton qu'essayait de me porter ce forcené.

A quelque temps de là, traversant à Bordeaux la place des Quinconces, je revis mon homme installé dans une petite voiture que traînait un jeune garçon suppliant les promeneurs de ne pas oublier son père aveugle et infirme.

Mon indignation ancienne se réveilla contre celui qui se moquait ainsi de la charité publique; j'avais un ami au parquet, je courus lui raconter le fait.

La police se mit en campagne, et acquit la certitude que mon faux aveugle était le chef d'une bande de voleurs qui, quelques semaines auparavant, avaient dévalisé une boutique de la rue Sainte-Catherine.

Il passa avec ses complices en cour d'assises, où on releva contre lui 33 vols avec effraction; et ce fut dépouillé de ses lunettes.

bleues, et avec des yeux brillants d'audace, qu'il présenta sa défense le plus habilement du monde, sans pouvoir cependant éviter une condamnation à cinq ans de réclusion.

Le second récit que je veux faire concerne une femme de Nogent-sur-Marne, et je le choisis entre tant d'autres, parce que beaucoup de Parisiens ont connu l'héroïne de mon histoire.

La femme dont il s'agit promenait en 1885 dans les rues de Nogent, sur le bord de l'eau et près de l'église, au moment de la sortie des messes, un aveugle grand et gros, possédant une superbe voix de basse qui chantait pendant que son guide tendait la main.

Mais les deux complices ne tardèrent pas à se brouiller et, après un copieux dîner arrosé d'un vin trop généreux, ils se séparèrent pour ne plus se revoir, après une scène de pugilat dont un café de la Grande-Rue garde encore le souvenir, et pendant laquelle l'aveugle avait recouvré la vue. Alors, le dimanche suivant, on vit la vieille conduire de la même façon, et dans les mêmes endroits, un tout petit aveugle à la voix de ténorino.

Il va de soi que les fidèles sortant de la messe se joignirent de nouveau aux canotiers pour donner au petit aveugle, comme ils avaient donné, huit jours avant, au grand aveugle.

Rien ne fut changé, ni la générosité hebdodaire des uns, ni la sincérité des autres.

Je ne suis pas retourné à Nogent ; mais je suis sûr que depuis cette époque la vieille a changé plusieurs fois d'aveugle, car il n'est pas possible que les partages des bénéfices se soient effectués longtemps sans troubler l'entente des deux complices.

Le Manchot

Les manchots, qui font profession de tendre la seule main qu'ils disent leur rester, ne sont pas plus sincères que les aveugles, et toujours le morceau d'os, qui s'agite dans une des manches de leur paletot, n'a rien de commun avec le corps de celui qui demande l'aumône.

J'ai suivi bien longtemps plusieurs de ces manchots sans pouvoir arriver à en prendre un en flagrant délit de tromperie, et, malgré les assurances de gens bien informés, je commençais à désespérer de m'assurer par moi-même de leur mauvaise foi, lorsqu'un soir, à la foire de Saint-Cloud, je fus édifié sur leur compte et sur celui d'un grand garçon se prétendant ancien militaire ayant perdu son bras au Tonkin, et que j'avais rencontré dans toutes les fêtes des environs de Paris.

Une bande d'étudiants et d'étudiantes, qui s'était déjà montrée très généreuse avec lui, répondit mal à ses nouvelles sollicitations.

Il se fâcha ; la bande joyeuse se mit à danser autour de lui, mais elle avait à peine commencé sa ronde que la main coupée s'abattait sur la figure d'un des danseurs.

On juge de l'effet produit sur la foule qui s'était déjà amassée à l'endroit de la dispute ; elle entoura, hua le faux manchot qui n'avait pas su jouer son rôle jusqu'au bout, et la police, intervenant à son tour, le conduisit au poste où il ne resta pas longtemps, puisque, trois jours après ce scandale, je le rencontrai boulevard Richard-Lenoir, exerçant de nouveau sa lucrative profession.

Plus tard, même, je constatai combien le

métier de faux manchot pouvait avoir facilement des amateurs, puisqu'un matin je pus,
moi aussi, me procurer un appareil permet-
tant de faire le manchot, en déposant un cau-
tionnement de 20 fr. et en payant 1 fr. par
jour de location au fabricant de ces instruments, dont la police semble tolérer le commerce.

Le Boiteux et le Sans-Jambes

Faire le boiteux est chose si commode
qu'une telle position sociale n'excite plus la
générosité du public et que ce métier de boiteux, déconsidéré, est presque tombé en
désuétude.

Il faut aujourd'hui avoir perdu au moins
une jambe pour attirer l'attention des passants.

Doutant de l'infirmité annoncée par plusieurs estropiés et ayant entendu souvent
parler de la facilité avec laquelle des hommes lestes et habiles dissimulent une de leurs
jambes, et quelquefois les deux, je résolus de
faire une enquête sérieuse, qui ne tarda pas

à me donner la preuve que la plupart du
temps la jambe qui, en apparence, fait défaut au mendiant, ne lui manque pas en
réalité.

Je finis en effet, un jour, par entrer en re-
lations, rue du Mont-Cenis, avec un vieux
recéleur chez qui la plupart des sans-jambes
venaient s'habiller, et je pus, dès lors, satisfaire tout à mon aise ma curiosité.

Ce qui me frappa le plus, ce fut, un soir,
l'arrivée de deux frères que j'avais longtemps
rencontrés dans la rue Monge et sur le boulevard Saint-Germain.

L'un mettait très habilement sa jambe en
avant, en la repliant sous lui ; l'autre la pla-
çait en arrière, et tous deux, affirmant qu'ils
avaient été blessés à la guerre, ramassaient
une somme quotidienne de 20 à 22 francs.

Le pain même qu'on leur donnait n'était
pas perdu, car le vieux recéleur où ils s'ha-
billaient en avait le placement chez les bourgeois de Clignancourt, qui l'achetaient pour
leurs chiens.

Mais le type le plus curieux dont je fis la
connaissance, rue du Mont-Cenis, fut un an-

cien clerc d'avoué tombé dans la misère, après avoir allégé de 500 francs la caisse de son patron.

Notre ex-clerc exhibait sa jambe coupée pendant neuf mois dans toutes les rues de Paris et, aussitôt le mois de juillet arrivé, il s'engageait pour exploiter les stations balnéaires dans une troupe d'artistes dont il était le premier danseur sur échasses.

N'est-ce pas merveilleux ?

La maison de la rue du Mont-Cenis est la plus achalandée, mais elle n'est pas la seule, paraît-il, où l'on puisse se transformer en infirme des jambes.

En effet j'ai rencontré, il y a quelques mois, un mendiant privé d'une jambe que je n'ai pas vu rue du Mont-Cenis, et qui ne m'en a pas moins étonné par sa hardiesse et son habileté.

J'étais assis, vers une heure du matin, avec quelques amis, sur la terrasse d'un café de la rue Auber, lorsque cet homme, exhibant un os à la place de la jambe droite, s'arrêta devant nous pour demander d'un ton impératif l'aumône à un de mes compagnons.

Celui-ci protesta contre cette façon d'implorer la charité publique et appela le garçon, le priant de le débarrasser des importunités de cet homme.

Mais à peine celui-ci avait-il touché l'épaule de l'infirme, qu'immédiatement, s'appuyant sur ses béquilles, le mendiant fit un effort et, sortant une nouvelle jambe de son pantalon, lança un formidable coup de pied dans l'estomac du garçon de café qui, sans un pas vivement fait en arrière, eût pu être gravement blessé.

Les consommateurs indignés se précipitèrent sur ce boiteux phénomène qui avait deux jambes et demie, et il ne dut qu'à la faveur de la nuit la possibilité de se soustraire au châtiment qu'il avait mérité.

Mais le public oublie vite, on le sait ; aussi ne s'étonnera-t-on pas si je dis que, tous les soirs, sans souci du passé, notre industriel continue son exploitation devant les cafés de la rue Auber et du grand boulevard, et qu'il vit à Asnières, très considéré, au milieu d'un groupe de voisins qui le prennent pour un employé du ministère de la justice.

Culs - de - jatte

Sous le titre général de boiteux se place le chapitre des culs-de-jatte; et, contrairement à ce que nous avons constaté pour les autres catégories de mendiants-infirmes, nous avons de vrais et de faux culs-de-jatte.

Je dois avouer cependant que jusqu'à l'année dernière je n'avais cru qu'au faux cul-de-jatte; et cela n'a rien d'étonnant, car tous les infirmes de cette espèce que j'avais rencontrés et auxquels j'avais offert une indemnité raisonnable m'avaient montré qu'ils étaient, quand ils le voulaient, plus ingambes que moi.

J'avais même été étonné de la souplesse acquise par ces sortes de mendiants qui n'avaient aucune peine pour se redresser sur leurs jambes, et reprendre aussitôt la position du travail.

Un jour même il me fut permis d'assister à une scène que je ne résiste pas au plaisir de raconter.

Une bande de mendiants, professant diverses infirmités, avait été accusée, par un marchand de chaussures de l'avenue de Clichy, d'avoir soustrait à son étalage huit paires de souliers.

Aussitôt quatre gardiens de la paix, requis, s'étaient mis à leur poursuite et, désespérant d'atteindre une partie de la bande qui se sauvait trop vite, ils avaient dirigé leurs pas vers deux pauvres culs-de-jatte que la foule plaignait déjà.

Mais, ô stupéfaction ! dès qu'ils virent les gardiens de la paix sur le point de les atteindre, les culs-de-jatte se dressèrent sur leurs jambes et commencèrent une course folle où l'autorité fut vaincue.

J'en étais là de mes observations sur cette catégorie de mendiants, lorsqu'un matin je reçus avis d'un employé de la préfecture de police, lequel me rendit souvent de grands services au cours de mes recherches, qu'il venait d'arriver d'Espagne un lot d'une centaine de véritables culs-de-jatte, se livrant ouvertement à la mendicité sur la place du Trône, au milieu des baraques de la Foire au pain d'épices.

Quelques heures après la réception de cet

avis, j'étais au milieu des culs-de-jatte espagnols, auxquels le commissaire de police venait déjà de signifier leur congé.

Un d'eux, qui parlait à peu près le français, voulut bien causer quelques instants avec moi.

Il me raconta qu'il appartenait à une famille dont le père était joueur d'orgue et la mère diseuse de bonne aventure, et qu'il en était le onzième et dernier enfant.

Que sur ces onze enfants, tous garçons, un seul, l'aîné, avait été épargné; les autres, livrés dès leur plus jeune âge à un médecin spécialiste, avaient été faits culs-de-jatte.

Il ajouta qu'aucun de ses frères ne succomba à la suite des tortures causées par l'opération, mais il m'affirma qu'il n'en avait pas été de même pour beaucoup d'enfants de son village, estropiés de la même façon.

Pauvres hères, qui ne savaient pas que rien n'est plus facile que de simuler le cul-de-jatte, et cela sans que la santé en soit atteinte!

Mon Espagnol m'expliqua que ses camarades et lui étaient venus en France par suite des mauvaises affaires qu'ils faisaient en Espagne.

— Cette infirmité, me dit-il, rapportait beaucoup il y a quelques années ; mais, en présence de ce gain extraordinaire, les culs-de-jatte pullulèrent bientôt dans le pays, et déterminèrent un tel encombrement qu'une partie des anciens résolurent de s'expatrier et d'aller chercher fortune à l'étranger.

Naturellement, une de ces premières troupes voyageuses s'était dirigée vers la France, ce pays célèbre par son hospitalité et sa générosité.

— Ce qui d'ailleurs a été une bien mauvaise idée, termina mon interlocuteur, puisque vous voyez, monsieur, qu'au bout de trois jours de recettes, et de bonnes recettes, ma foi, on nous jette à la porte sans nous donner le temps de gagner l'argent nécessaire, à notre retour.

En effet, le lendemain, plusieurs agents reconduisaient à la frontière tous les culs-de-jatte, hommes et femmes, car la plupart de ces estropiés formaient des couples, des ménages qui doivent réserver, hélas, à leurs enfants une destinée égale à la leur, ce qui est peu rassurant pour l'amélioration de la race espagnole.

Mais, quoi qu'il en soit, vrais ou faux culs-de-jatte sont autant de miséreux qui s'abattent sur la charité publique ; et si la Cour des Miracles n'existe plus en fait, les anciens truands sont aujourd'hui avantageusement représentés, et leurs leçons très suivies de nos jours dans tous les pays d'Europe.

Sourds-Muets

Toutes les infirmités sont, en effet, exploitées par eux, il y en a même qui s'improvisent sourds-muets.

Je sais bien que maintenant on apprend à parler à ces pauvres malades et que dès lors cette infirmité sera moins en vogue que par le passé; cependant, il y a encore des mendiants sourds-muets, et il y en a même beaucoup.

On les rencontre surtout aux abords des cafés, des gares et des stations d'omnibus.

Ils déposent sur chaque table placée en dehors des estaminets un alphabet de sourds-muets ; c'est là leur façon de faire comprendre qu'ils demandent la charité.

Libre au consommateur d'acheter l'alphabet, ou de donner deux sous et de le rendre.

Aux gares et aux stations d'omnibus, ils ont tout imprimée une page relatant leurs malheurs, et ils l'exhibent aux personnes qu'ils jugent compatissantes.

Quand la recette est suffisante, tous ces gaillards regagnent leur assommoir et retrouvent leur langue pour commander leur absinthe.

J'ai constaté même qu'ils étaient plus bruyants que les autres ; cela s'explique par le silence qu'ils sont forcés de garder toute la journée.

CHAPITRE II

MALADIES SIMULÉES

Si certains mendiants étalent de fausses infirmités, il en est d'autres qui essayent de faire croire à des maladies simulées : les plus à la mode sont la danse de Saint-Guy et l'épilepsie.

Danse de Saint-Guy

J'avais déjà recueilli beaucoup de témoignages sérieux qui ne me laissaient aucun doute sur l'usage que les mendiants font de la danse de Saint-Guy, lorsqu'au mois d'octobre dernier, me promenant aux Champs-Elysées, je fus arrêté par un jeune homme qui semblait très atteint par cette horrible maladie, et dont je me mis à observer l'attitude.

Sautant tantôt sur une jambe, tantôt sur une autre, à chaque mouvement qu'il faisait il agitait son corps de telle sorte qu'au bout de quelques minutes, ruisselant de sueur, il était obligé de se reposer sur un banc.

Je remarquai même que de temps en temps il adressait certains signes à une marchande de fleurs et à un béquillard qui se tenaient à quelque distance de lui.

Je n'avais plus de doutes : j'étais en présence d'un mendiant qui avait adopté comme moyen d'existence l'exploitation du public par la danse de Saint-Guy ; aussi, profitant du moment où il était échoué pour la vingtième fois sur un banc, je vins m'asseoir à côté de lui, et aussitôt je lui parlai amicalement de sa cruelle maladie.

Flairant la meilleure recette de la journée, mon homme se mit à narrer, avec force détails, et non sans bégayer, les causes de sa triste situation.

Il était sous l'empire de la danse de Saint-Guy depuis une frayeur que lui avait causée un chien enragé qui s'était, en sa présence, précipité sur son père, lequel d'ailleurs était mort de la blessure qu'il en avait reçue.

Plus il parlait et plus je semblais intéressé par son récit ; à la fin, simulant une grande émotion, je lui déclarai que, heureusement pour lui, il se trouvait en face d'un médecin des hôpitaux qui avait la spécialité de guérir sa maladie, et que j'allais le conduire immédiatement dans mon service à Bicêtre. Et avant de lui laisser le temps de répondre, je me levai et je hélai un fiacre.

Alors, ce que j'attendais arriva ; le cocher n'était pas encore arrêté devant nous que mon malade, oubliant sa danse de Saint-Guy, se sauva à belles et bonnes jambes, fuyant l'examen médical et emportant l'argent des passants charitables, dont il doit bien rire le soir, en buvant avec des camarades le vin de la danse de Saint-Guy.

L'Epileptique

A côté de ces faux agités nous placerons le mendiant épileptique, un agité aussi, qui fait recette au moyen de l'épilepsie bien comprise.

Il y a certainement peu de personnes habitant Paris qui ne se soient trouvées à un moment donné en présence d'un épileptique tombé près d'un trottoir et entouré d'une foule émue de le voir gesticuler et hurler, la bave aux lèvres.

Et il n'y a pas de témoin d'une telle scène qui n'ait tiré de sa poche quelques sous pour venir au secours de ce malheureux.

Mais ce que les spectateurs, j'en suis sûr, n'ont pas observé, c'est qu'en général, dans ces sortes d'accidents, plus la recette augmente et plus la crise diminue, jusqu'au moment où un philanthrope, fendant la foule, relève le malheureux et crie bien haut qu'il va le conduire lui-même à l'hôpital.

Peu à peu, la foule se disperse et, lorsque nos deux compères sont sûrs d'être enfin loin de tout œil indiscret, ils s'empressent d'aller au cabaret combiner une nouvelle attaque d'épilepsie productive.

Certes, je n'ai pas la prétention de donner la liste complète des maladies simulées par les mendiants, car toutes les maladies sans exception sont employées par eux, soit

qu'ils toussent à la façon des poitrinaires,
soit qu'ils tremblent une fièvre incessante.

Ce que j'ai voulu surtout, c'est parler de
celles qu'on ne peut simuler sans une certaine
habileté et sans une étude préalable, parce
qu'il m'a semblé que seules celles-là étaient
intéressantes à connaître. Les autres se trouvant à la portée de toutes et de tous, on doit
classer ceux qui y ont recours dans la catégorie des mendiants ordinaires.

C'est pourquoi, terminant ici mon chapitre
sur les infirmes et les malades, j'aborde maintenant celui qui concerne les mendiants truqueurs.

CHAPITRE III

LES TRUQUEURS

De tous les mendiants, ce sont certainement, avons-nous dit, les invalides qui ont
le plus de chances d'apitoyer les passants sur
leur sort.

Mais il faut dans une profession plusieurs
espèces d'ouvriers ; et puis, disons-le aussi,
il y a des vagabonds qui n'ont pas beaucoup
de dispositions pour la gymnastique ; c'est
ce qui va nous permettre de nous trouver en
présence d'une catégorie de mendiants qui
remplacent l'infirmité par le truc, et qui sont
loin de se plaindre de leur situation.

Les plus intelligents inventent un truc nouveau. Les autres se contentent des trucs déjà
inventés ; mais, modernes ou anciens, les
trucs font vivre ceux qui s'en servent et sou-

3ᵃ

vent même les gratifient d'une petite fortune.

Tandis que l'invalide met son corps à la
torture, le truqueur fait travailler son intelli-
gence.

Chacun suit en cela, pour mieux tromper
le public, ses dispositions naturelles.

Le truc le plus connu pour obtenir l'aumône est de se dire ouvrier sans travail.

C'est vieux, mais ça prend toujours.

L'ouvrier sans travail

On rencontre de prétendus ouvriers sans
travail à toute heure du jour, surtout l'hiver,
au moment des froids ; mais c'est en général
de minuit à deux heures du matin qu'opère
le mendiant usant de ce truc. Il attend le
passant dans des rues peu fréquentées et
blotti dans un coin obscur.

De cette façon, il espère intimider celui à
qui il s'adresse et le décider plus sûrement à
être généreux.

Il en est cependant quelques-uns qui,
moins préparés à devenir des détrousseurs

de noctambulés, exercent leur métier à la tombée de la nuit, implorant les personnes qui rentrent dîner. Car ils savent parfaitement qu'on est toujours plus disposé à plaindre chez les autres un mal dont on souffre soi-même.

Sauf quelques rares exceptions, tous ceux qui vous accostent dans la rue, en murmurant à votre oreille ces trois mots : « ouvrier sans travail, » n'ont jamais eu la moindre envie de trouver du travail.

Ils sont presque tous, pour ne pas dire tous, une sorte de mendiants professionnels.

J'ai pu d'ailleurs établir moi-même la proportion de vrais ouvriers que contient cette foule de mendiants cherchant de l'ouvrage.

Il y a quelques années, j'installai, dans une cave vide, de gros troncs d'arbres, une scie et tous les instruments nécessaires oupr fendre et couper du bois ; et aussitôt que j'étais interpellé par un prétendu ouvrier sans travail, je le plaignais de son inaction forcée et je lui offrais 50 centimes par heure s'il voulait venir casser du bois dans ma cave.

Si je rencontrais mon mendiant pendant le

jour, il trouvait presque toujours un prétexte
pour retarder l'heure de son entrée en fonc-
tions, me demandait mon adresse et ne venait
jamais.

Si j'étais imploré par lui pendant la nuit,
il se confondait en remercîments, promettait
d'être exact à l'ouvrage le lendemain matin,
mais c'était tout, et je ne le revoyais plus.

En somme, sur 194 ouvriers dits inoccupés
auxquels j'ai offert du travail bien rémunéré,
pendant les années 1889, 1890, 1891 et 1892,
18 seulement se sont décidés à l'entreprendre.

Je dois ajouter, pour être juste, que, satisfait de leur bonne volonté, je n'ai pas tardé à
les placer et que j'ai reçu, il y a encore
quelque temps, des compliments de deux
de mes protégés.

Résultat : j'ai trouvé environ dix ouvriers
sérieux sur 100 vagabonds qui m'ont demandé la charité en se targuant du titre
d'ouvriers sans travail.

M. Paulian, rédacteur à la Chambre des
députés, qui s'est beaucoup occupé aussi à
démasquer ces faux chercheurs d'ouvrage,

est arrivé aux mêmes constatations que moi.

Comme il habite, toute l'année, une propriété dans les environs de Paris, il est assiégé par les mendiants qui disent ne pas pouvoir trouver à gagner leur vie ; et, chaque fois qu'il s'en présente un, il lui offre vingt centimes s'il veut tirer quatre seaux d'eau au puits de son jardin.

Hélas ! il n'a pas lui non plus occasion d'exercer souvent sa charité ; et c'est la plupart du temps par des insultes que les mendiants répondent à ses propositions.

Ceux même qui consentent à gagner la prime sont loin d'être reconnaissants.

En effet, M. Paulian me racontait dernièrement qu'un mendiant qu'on venait de payer et qui rapportait ses deux derniers seaux à la cuisine, ne trouva rien de mieux, pour se venger du procédé employé vis-à-vis de lui, que de lancer le contenu des seaux dans les jupons de la cuisinière.

Tout, d'ailleurs, confirme mon expérience et mes affirmations ; ainsi, il y a quelques mois, le directeur de la maison d'assistance par le travail du sixième arrondissement,

rencontrant sur le boulevard Saint-Germain
un mendiant qui criait famine et demandait
du travail, lui offrait de l'envoyer à son atelier, où il trouverait immédiatement un bon
gîte et une nourriture saine jusqu'à ce qu'il
soit placé définitivement.

« Malheur ! s'écria aussitôt le miséreux,
pour qui donc me prenez-vous? Je ne vous
demande pas tout ça, je veux des sous et non
pas un travail de fainéant. »

Et il continua sur ce ton aussi longtemps
qu'il aperçut celui qu'il avait imploré.

Dans le neuvième arrondissement, où j'ai
établi une autre œuvre d'assistance par le
travail pour continuer mon étude, je me suis
souvent heurté moi-même à des refus caté-
goriques de travailler que m'ont fait dans
différentes circonstances des soi-disant ouvriers sans travail.

Cependant, voici ce que j'ai constaté dans
la plupart des cas : comme le travail offert
par notre assistance est à la portée de tous,
comme il n'est pas mal rémunéré, car le salaire gagné est intégralement remis au travailleur ; la grande majorité accepte l'offre

de se rendre au chantier; mais au bout de deux ou trois jours, et alors qu'ils ont reçu une dizaine de francs, nos ouvriers disparaissent sans avis, succombant sans doute à une nouvelle attaque de paresse.

Quoi qu'il en soit, j'ai constaté que cinq ou six sur cent ouvriers reprenaient goût au travail et à la vie utile ; dans ces conditions, quelque minimes que soient les résultats obtenus, ils sont inappréciables, puisqu'ils ont sauvé de la dégradation quelques citoyens qui avaient encore le désir de rester honnêtes.

L'ouvrier sans travail imagine mille trucs variés.

Par exemple, vous recevez un beau jour la visite d'un homme que vous ne connaissez pas et qui vous déclare qu'il a enfin, après mille recherches, trouvé un peu de travail dont il ne peut profiter parce que la misère l'a forcé à engager ses outils au Mont-de-piété.

Et la somme qu'il vous supplie de lui prêter et que, bien entendu, il vous rendra, varie entre 3 et 4 francs.

Il est bien rare qu'on ne se laisse pas émouvoir par la prière de l'honnête ouvrier. Et moi-même pendant longtemps j'y suis allé de ma pièce de cent sous.

Cependant, à un moment donné, trouvant que le Mont-de-piété prêtait sur bien des outils, je résolus de m'assurer que je n'étais pas dupe d'un stratagème; or, comme un jour, un grand et fort garçon de vingt-cinq ans était venu me demander à l'Hôtel de Ville 3 fr. 75 pour retirer des outils engagés : « Très bien, lui dis-je, donnez-moi votre nom et votre adresse, et je vous porterai cet argent. »

Mon gaillard insista, me disant qu'il avait besoin de ses outils le soir même et que, si je ne l'obligeais de suite, il aurait l'argent trop tard pour qu'il puisse profiter de la place qu'on lui offrait.

Mais, plus il insistait, et plus je me confirmais dans la résolution de ne pas me laisser duper.

Voyant qu'il n'obtiendrait rien, mon quémandeur me jeta en partant ce nom et cette adresse : Godefroy, 41, rue de la Victoire.

Avant de rentrer chez moi, je passai scrupuleusement à la maison indiquée et acquis la certitude que le brave ouvrier avait essayé de me tromper, car le concierge du 41 de la rue de la Victoire ne le connaissait pas du tout.

Depuis cette époque, je ne me suis jamais laissé reprendre par le truc de l'outil ; et quand je suis sollicité par un mendiant qui parle de dégager les siens du Mont-de-piété, je lui fais toujours laisser son adresse, où d'ailleurs je ne le rencontre jamais.

D'autres ouvriers sans travail cherchent à vous apitoyer sur le sort de leur femme qui, disent-ils, ne se lève pas depuis plusieurs années, ou sur celui d'un enfant infirme.

La plupart du temps, ces exploiteurs de la charité n'ont ni femme ni enfants, et ils seraient bien embarrassés si vous leur demandiez de vous conduire près de leurs malades.

Et non seulement ces faux ouvriers sans travail ont une grande habileté à vous tromper, mais ils sont encore les plus dangereux de tous les mendiants.

Jeunes, valides, ils vont partout, remarquent, observent, et les voleurs, assure la

Préfecture de police, n'ont pas de plus vigi-
lants indicateurs.

Dans tous les cas, ils forment une association avec les plus rusés des mendiants et,
quand ils ne volent pas eux-mêmes, ils font
le guet pendant que ceux-ci font la « courte
manche », c'est-à-dire tendent la main.

Ce sont eux aussi qui composent la clientèle des nombreux assommoirs fréquentés
par les gens sans aveu.

Enfin, ils couchent sous les ponts et sur les
quais, à moins que, harassés de fatigue, ils
n'essayent de se faufiler dans un asile de
nuit.

Une autre espèce particulière de ces exploiteurs de la charité est l'ouvrier mécanicien.

Voici ce que nous raconte à son sujet un
entrefilet de journal :

Connaissez-vous l'honnête ouvrier mécanicien sans travail ?

Vous l'aurez sûrement rencontré, si vous
habitez le quartier de l'Etoile, car c'est dans
ces parages qu'il se tient habituellement en
permanence.

Il est vêtu très décemment ; son attitude

est modeste et digne à la fois. Il s'approche
des passants, le chapeau à la main, et leur
parle avec une parfaite urbanité et à peu près
en ces termes :

— Je suis vraiment confus d'oser ainsi
m'adresser à vous, monsieur. Je suis sorti de
l'hospice il y a deux jours, et je n'ai pas encore mangé depuis. Si vous pouviez m'accor-
der un léger subside, je vous en serais infini-
ment obligé.

Comment se dérober à une requête aussi
convenablement présentée ?

Un de nos amis n'eut pas le cœur de le
faire, et il accorda à l'honnête mécanicien le
subside demandé.

Mais, trois jours plus tard, repassant dans
le quartier, il entendit derrière lui une voix
connue répétant ponctuellement le petit boniment ci-dessus rapporté. C'était notre honnête mécanicien. Quand il avoua de nouveau
être sorti de l'hospice depuis deux jours,
notre ami se retourna brusquement :

— Pardon, mon ami... Cinq... cinq jours...
Ça fait cinq jours... deux et trois.

L'honnête ouvrier comprit, s'éloigna et ne

dit mot. Nous l'avons encore rencontré hier.
Peut-être le rencontrerez-vous demain... à
moins qu'il ne se soit retiré des affaires après
fortune faite.

De même qu'il y a l'ouvrier sans travail, il
y a aussi l'ouvrière sans ouvrage.

Elle fréquente surtout les environs des
marchés où elle se recommande en pleurant
à la bonté des dames qui font leurs achats
elles-mêmes.

Elle est toujours associée avec une bonne
se disant sans place et qui exploite, de son
côté, les domestiques qui n'accompagnent
pas leurs maîtresses, lesquelles, craignant
d'être un jour dans une semblable situation,
sont en général très généreuses.

Il paraît que ces métiers d'ouvrière sans
travail et de bonne sans place sont d'un excellent rapport.

L'ancien militaire

Tandis que l'ouvrier sans travail est vêtu
d'une blouse ou d'un paletot déchiré, celui
qui joue les anciens militaires a toujours un

vêtement pauvre mais correct, qui inspire la considération.

Pendant longtemps même, j'ai cru que l'ancien militaire qui se livre à la mendicité ne s'adressait qu'à domicile, à des personnes qui lui étaient désignées.

Mais, depuis quelques années, j'ai constaté que les renseignements qu'on m'avait donnés étaient erronés et que l'ancien militaire descendait dans la rue aussi bien que le faux ouvrier.

Le premier que j'ai rencontré mendiant dans la rue m'arrêta, il y a trois ans, rue Pigalle. C'était un homme encore jeune, vêtu proprement et portant à sa boutonnière le ruban de la médaille du Tonkin.

Il vint au-devant de moi, les yeux pleins de larmes, me suppliant de sauver d'une mort presque certaine sa famille, trois petits orphelins dont la mère était morte et qui n'avaient pas mangé depuis quarante-huit heures.

Et comme je m'étais arrêté pour l'écouter, frappé de l'accent de sincérité de cet homme, voyant que son attitude m'avait impressionné, il continua, sans me laisser le temps de l'interroger, et me raconta qu'il avait été blessé au Tonkin et que, depuis deux ans, il cherchait en vain une situation qui lui permît de vivre, lui et ses enfants, avec la modique pension que lui servait le ministère de la guerre.

Je crus, cette fois, avoir mis la main sur un mendiant intéressant et je lui donnai trois francs en lui promettant de me rendre à son domicile.

Il me remercia en me serrant chaleureusement la main et il fut convenu que j'irais le lendemain à cinq heures du soir, 12, rue Monsieur-le-Prince, où il disait demeurer.

J'avais déjà, dans la matinée du jour où je devais faire cette visite, vu le secrétaire d'une société de bienfaisance qui m'avait promis de m'aider de tout son pouvoir dans l'œuvre de relèvement que je projetais, et à cinq heures précises je me présentais chez le concierge du 12 de la rue Monsieur-le-Prince.

Mais quelle déception après tant de démarches! Mon homme était totalement inconnu à l'adresse qu'il m'avait indiquée.

J'avais à enregistrer une désillusion de plus !

Depuis cette aventure, j'ai rencontré dans les rues beaucoup de prétendus soldats retraités ou blessés, car le Tonkin a fait augmenter dans de grandes proportions les mendiants de cette catégorie auxquels, d'ailleurs, la campagne de Madagascar a fourni un nouveau prétexte de tendre la main.

Ce qui m'étonne, c'est que ces anciens soldats-mendiants portent tous à leur boutonnière un morceau de ruban, afin d'attirer davantage l'intérêt du bourgeois, sans que les agents de la Préfecture de police songent à s'enquérir du droit que ces personnes douteuses ont de porter une décoration.

Je le regrette d'autant plus que je suis persuadé que quelques exemples suffiraient pour arrêter le développement de ce genre d'exploitation de la charité.

Il y en a même qui vont jusqu'à endosser un uniforme, acheté au Temple ou dans la boutique d'un marchand d'habits et de vieux galons.

Ainsi, j'ai rencontré, cet hiver, un cuirassier dormant dans un bouge de la rue Saint-

Denis au milieu de mendiants professionnels entassés littéralement les uns sur les autres.

Etonné et choqué de voir un soldat de l'armée française en semblable compagnie, je m'approchai de lui et, l'ayant réveillé, je le pressai si bien de questions qu'il fut dans l'impossibilité de continuer à jouer son rôle; il me confessa qu'il n'était pas soldat du tout, qu'il y avait trois ans qu'il avait quitté les compagnies d'Afrique et qu'il s'était affublé de cette défroque militaire, espérant, grâce à elle, faire de belles recettes au coin des rues.

Il m'assura même que ce truc était très employé, surtout aux environs des gares où, paraît-il, l'on peut plus facilement persuader aux passants qu'on arrive du régiment ou des colonies.

Faux Dessinateur

A côté des faux ouvriers et des faux militaires, je veux placer le récit qui m'a paru intéressant des exploits nocturnes d'un faux dessinateur, mendiant, jouant tous les rôles, dont les exploits sont racontés en ces termes par de Brus :

— Je pressai le pas, désirant m'éviter le dégoût des sollicitations honteuses : il hâta le sien.

La rue était déserte ; minuit sonnait ; aucune crainte, néanmoins, ne me vint à l'esprit.

Et cependant, il ne payait pas de mine, avec sa casquette grasse de gavroche, ses yeux rouges et chassieux, ses traits usés de rôdeur dès le jeune âge et dans lesquels on lisait tous les instincts de la brute.

— Monsieur, fit sa voix tout à coup, n'ayez pas peur ! Je n'osais pas vous aborder ; pardonnez-moi, monsieur... Je suis dessinateur... c'est horrible !... mais vous comprenez... la misère ! Ne pourriez-vous pas... Ah ! vous seriez bien bon de me faire donner quelque chose à manger en rentrant chez vous ?

Hum ! Les hommes qui mendient à minuit dans les rues écartées... autant de souteneurs doublés de vide-goussets !

... On peut se tromper, pensais-je toute-

fois, et, déposant une pièce blanche dans sa
main tendue, je m'éloignai...

— Oh! monsieur, c'est trop... Hélas! de
l'argent... à moi qui ne demandais que la
vie pour ce soir!... Ah! si vous saviez!!!

Déjà j'étais loin; mais, en me retournant
machinalement, je le vis hésiter un instant
sur le chemin à prendre.

Un soupçon subit me traversa le cerveau
et je le suivis.

. . . .

Paris était rentré depuis deux mois. Prin-
ces et grands plus ou moins authentiques,
hommes de sport, nababs de toutes couleurs,
financiers, despotes politiques, épiciers et
barnums enrichis, étoiles auxquelles leurs
entrechats de la saison et quelques faveurs
de vieux barons avaient valu un hôtel bien
monté : qui n'était pas à l'Opéra, au Français, à l'Hippodrome, aux réceptions intimes,
recevait soi-même somptueusement.

Partout des équipages passaient, rapides,
au trot cadencé de superbes chevaux.

Là, une porte cochère s'ouvrant sans bruit,

pour laisser s'engouffrer sous la voûte un
riche landau, dans lequel le passant attardé
entrevoyait des flots de soie et de dentelles
constellées de brillants ; cadre délicat au milieu duquel brillaient d'un éclat troublant les
beaux yeux de quelque jeune et adorable
femme.

Ailleurs, de vives lumières s'échappaient
des fenêtres au travers des tapisseries et des
lourds rideaux et des bouffées d'odeur chaude
de truffes et d'épices s'échappaient des sous-
sols, pendant que le bruit vague et délicieu-
sement harmonieux de l'orchestre arrivait
jusque dans la rue ; échos joyeux qui bercent
d'une si monotone façon le spleen des blasés,
tout en excitant la jalouse envie des malheureux et les insatiables appétits des fainéants,

En un mot, c'était le temps des riches aumônes.

... Mon homme se dirigeait vers l'Arc-de-
Triomphe, lentement, prudemment, en son-
dant la nuit d'un œil scrutateur, à la façon
des gens de sa sorte qui savent si bien quitter
un trottoir à propos, pour se trouver sur un
autre au passage d'un monsieur bien mis.

Feignant de n'y point voir pour se guider,
il rasait les maisons, trébuchait, se laissait
tomber presque sur la chaussée, et plusieurs
fois, pendant le trajet, je le vis recommencer
son manège larmoyant. Une fois même j'entendis la fin de sa phrase stéréotypée : « Je
suis bien malheureux !... Ah ! si vous saviez ! »

Eh bien ! j'avais envie de savoir maintenant, et je marchais toujours en le suivant
adroitement.

Tout à coup, rue de Berri, il s'arrêta
devant un superbe hôtel, et puis, après un
rapide coup d'œil autour de lui, il sonna
à la porte de service.

Je me dissimulai rapidement dans l'encoignure d'une maison voisine.

Enfin, j'étais donc bien tombé cette fois-
là sur un de ces tristes oiseaux de nuit,
sinon dangereux, du moins toujours voleurs
du pain des vrais misérables, des pauvres
honteux qui n'osent point tendre la main :
les femmes par pudeur, les hommes par
fierté, et de crainte, les honnêtes cœurs,
d'être pris pour des faux mendiants !

Il sonna de nouveau avec hardiesse : au même instant, la porte s'ouvrit en lançant dans la rue une raie lumineuse, et des éclats de voix m'arrivèrent subitement.

Parbleu ! toute la domesticité prenait part à la fête, car la table était encombrée de bouteilles de vins fins, de pâtés, de plats de tous genres, de pièces montées à peine entamées.

Je me penchai un peu, près d'une fenêtre entr'ouverte du sous-sol, et j'aperçus des faces joyeuses, rougeaudes et enluminées : de longs favoris filasses, ceux du maître d'hôtel probablement, les tournures de pimbêches des femmes de chambre et un joli minois de soubrette, sur lequel se penchait avidement avec des yeux de bête en rut une tête de cocher. Puis d'immenses éclats de rire et un gros baiser aussitôt suivi d'un soufflet bien appliqué.

— Finissez donc, monsieur Pierre, je n'aime pas ces manières-là.

— Il faut pourtant bien se connaître un peu avant de se marier, mademoiselle Rosine.

— Oui ! oui !... connu le mariage... derrière l'église... Zut, ça ne prend pas !...

Nicolas ! D'ailleurs, je suis fournie, vous savez ?

— Ça ne fait rien... moi je prendrai le reste, nonobstant...

. . . .

— Eh bien ! en voilà un drôle de particulier, criait de son ton le plus impertinent le valet de chambre qui avait ouvert... Ne voudrait-il pas, mesdames et messieurs, qu'on le reçoive... en ambassadeur ! N'est-ce pas, mon prince ?

— Vas-tu filer, sacré gueux !

— T'as pas fini ta complainte !...

— Est-il assez sale, c't'animal là ?

Les voix aigres et perçantes des femmes dominaient tout ce brouhaha ; les hommes riaient à s'en tordre les côtes. Il y en avait qui voulaient le jeter dehors sans plus tarder, d'autres disaient qu'on le soûlerait et qu'on s'amuserait bien.

L'homme ne bronchait pas et, se faisant petit et suppliant, il attendait. A part moi, je me dis qu'il avait dû plus d'une fois affronter de pires insultes.

Tout à coup, le sommelier, un gros ventru à figure de moine, qui avait le vin mélancolique, fondit en larmes.

— Ah ! non, c'est trop bête : vous y croirez... Eh bien ! je ne veux pas voir ça, messieurs, c'est plus fort que moi !

... Tenez, ça me rappelle mon premier patron, le baron d'Arnancourt... Figurez-vous que je l'ai rencontré hier, râpé, oh ! mais râpé ! ! ! Heureusement, il ne m'a pas reconnu ; c'est moi, messieurs, qui n'aurais pas été fier !...

Tout de même, il faut de la charité dans notre siècle ; tiens donc, toi, tu te croiras millionnaire quand tu t'auras mis ça dans le ventre !

Et il tendit au gueux une bouteille de bourgogne à moitié pleine.

Ce fut un débordement général d'hilarité. Les femmes maintenant s'en pâmaient d'aise : les hommes en desserraient un cran de leur pantalon.

Puis, tout à coup, chacun voulut montrer une générosité plus grande encore.

— Attrape, vaurien !

— Voilà pour madame ton épouse !

— Et pour ses petits marcassins !

La table se dégarnissait comme par enchantement et le coquin remplissait ses poches... Ah ! ça se trouvait bien... Il en avait partout ! Il arrondissait les bras, plongeait un flacon dans sa poitrine, soutenait les basques trop lourdement chargées de sa défroque.

En un clin d'œil il fut bourré des restes de pâtés, de viandes, de volailles, de gâteaux. Il y avait de tout, moins du pain, cependant ; parbleu ! personne seulement n'y avait pensé.

... Et il pleurait de vraies larmes, le monstre, il sanglotait toutes les bénédictions de son cœur sur « ces charitables et distingués gentlemen ».

Décidément, il jouait tous les rôles.

Enfin, la porte se referma sur son dos, au milieu des cris et des rires, soudainement interrompus par un impératif appel du timbre électrique.

Il partit alors rapidement, en homme qui a hâte d'arriver. Sans se détourner, sans

s'arrêter, il passa sur la place de l'Etoile, prit
l'avenue de la Grande-Armée, puis tourna à
droite dans la rue des Acacias...

... Comment je pus le suivre sans me faire
remarquer de lui?... Je ne le sais pas trop
moi-même. Qu'il suffise donc de savoir qu'a-
près l'avoir filé ainsi pendant un quart d'heure,
j'avais l'œil appliqué contre la fente du volet
d'une maison borgne où il était entré, et je le
voyais là assez distinctement, en compagnie
d'un autre rôdeur et de deux femmes jeunes
encore, mais fatiguées, avachies, les yeux
luisants de fièvre, bouffis et humides de pro-
vocation, les seins vides et tombants, et qui
traînaient d'infectes savates dont le bruit
monotone arrivait jusqu'à moi.

Il montra sa recette de la nuit ; je vis bril-
ler deux pièces d'or, et, sa petite campagne
racontée aux amis, les femmes disposèrent
sur une table boiteuse, encombrée d'un as-
semblage d'objets les plus disparates, les vic-
tuailles apportées par le camarade.

Eux, pendant ces apprêts, ricanaient en
fumant sans relâche deux brûle-gueule horri-
bles qui remplissaient peu à peu le tandis

d'une fumée épaisse à couper au couteau.

Enfin, le repas commença, et en ce moment voici qu'un pauvre petit être de trois à quatre ans, rachitique, souffreteux, un vrai gnome ! sortit d'un coin d'un ramassis répugnant de vieux linges où on l'avait oublié ou peut-être bien jeté.

Il était si noir de saleté, si hideux, que je crus voir s'avancer un cafard puant attiré par des restes de cuisine.

Timide comme la bête qui craint les coups, il se dirigea vers la table, sans oser en approcher toutefois, car les voix brutales des deux hommes et de leurs harpies de femmes l'effrayaient probablement. Une d'elles, cependant, devait être sa mère..., mais bast ! elle pensait bien à autre chose !

Tout à coup, un affreux chat gris, qui tournait autour de la table comme un enragé, finit par importuner à tel point les soupeurs, qu'un des hommes, en poussant un gros juron, lui jeta un morceau de viande sur lequel la bête affamée se précipita.

Horreur ! l'enfant, lui aussi, avait couru à la proie.

Tirer à elle l'enfant par le bras, lui flanquer une bonne taloche en lui mettant dans la main une croûte de pâté, tout cela fut pour la marâtre l'affaire de quelques secondes.

Un ricanement général résonna jusque dans la rue, couvrant les petits sanglots douloureux de l'infirme qui regagnait son grabat et l'attristante vision disparut.

Je quittai un instant mon poste, mais, voulant tout voir, je revins sans bruit reprendre ma place contre le volet.

La goinfrerie allait se terminer faute d'aliments.

Débraillées jusqu'à la ceinture, les femmes, la poitrine chaude et crasseuse, criaient et s'agitaient, sous la lumière blanche et crue du pétrole, avec d'écœurants déhanchements de dévergondées, et ces infernales créatures prenaient plaisir à exciter les hommes, qui, déjà, semblaient prêts à s'égorger, car ils jouaient maintenant argent sur table, et je crus comprendre que l'un avait triché dans un « pile ou face ».

Heureusement, une bouteille était encore à demi pleine, et ce fut une puissante diversion

pour ces palais altérés quand une des femmes
la saisit et remplit les verres. Ce reste de
jouissance à prendre les retint en effet, et
leurs bras armés ne s'abaissèrent que pour
saisir le verre avec avidité...

Ils trinquaient en braillant un refrain, lorsque je fus forcé de m'éloigner. Quelques personnes dont j'apercevais vaguement les
silhouettes au bout de la rue s'avançaient rapidement. Fausse alerte, du reste ; elles en-
trèrent dans une maison, et je n'entendis plus
rien.

Toutefois, je poursuivis ma promenade ; le
temps de fumer une cigarette et je repris ma
place. Il y avait plus de deux heures que j'é-
tais là.

Cette fois, par exemple, c'était la fin, et
franchement je n'en fus pas fâché, car je commençais à souffrir terriblement du froid. J'ob-
servais donc depuis deux minutes à peine,
lorsqu'une des femmes glissa et disparut sous
la table.

Drôle d'impression que cela me fit ! L'on
eût dit un mort rentrant au tombeau...

L'autre ivrognesse était plus forte ; moitié

titubant, moitié se traînant, elle se dirigea
vers un lit où elle se laissa tomber comme une
masse. La soûlaison devait être complète.

Quant aux hommes, ils étaient là, hébétés,
abrutis, stupides, la langue pâteuse et para-
lysée, et ils se regardaient sans rien trouver
à se dire, sans se voir peut-être.

Enfin le plus petit, pestant, grognant, jurant
« tous les sacrés bons dieux de la terre », re-
poussa du coude les assiettes et, étendant ses
bras sur la table, il y laissa tomber sa tête
dodelinante.

Restait le grand.

Malgré sa somnolence, la mauvaise bête
avait tout vu et, lançant un gros ricanement,
il voulut se lever pour dépouiller le camarade
probablement ; mais il n'avait pas fait deux
pas que l'ivresse le saisit, lui aussi, et qu'il
s'effondra sur le parquet plein de crachats et
d'ordures, les pieds sur le corps de la femme.

Il eut un grand bâillement de veau et
ne bougea plus.

Quelques instants après, tout cela ronflait
comme dans une écurie de porcs, et, au milieu de cette mélopée discordante, passait un

son aigu et triste... J'écoutai plus attentive-
ment.. c'était l'enfant qui gémissait tout bas.

Truc de l'enfant mort

Un truc de mendiant qui réussit aussi très
bien est le truc de l'enfant mort.

Un beau matin, vous voyez entrer chez
vous, avec une mine effarée, un homme que
vous connaissez un peu ou qui se recommande
d'un de vos bons amis et qui, d'une voix en-
trecoupée par les sanglots, vous raconte qu'il
vient de perdre son enfant bien-aimé et que,
situation affreuse ! il n'a pas de quoi le faire
enterrer.

Vous ne songez pas que si le père est sans
argent l'enfant n'en sera pas moins enterré, et
vous donnez aussitôt 10 ou 20 fr. à ce malheureux, qui vous remercie avec effusion et court
dans une maison voisine recommencer la
même comédie.

J'ai reçu personnellement plusieurs demandes pour enterrement de babys qui n'ont jamais existé, et je rencontre même souvent,

dans les fêtes des environs de Paris, un marchand de berlingots qui m'a escroqué 20 fr. sous prétexte de faire inhumer un fils qui est encore à naître.

C'est que ce métier rapporte beaucoup aux mendiants qui savent l'exercer ! On n'ose pas, en effet, ne donner que quelques sous à celui qui a besoin de payer les frais d'un enterrement.

Aussi je m'étonne que les parents qui ont le malheur de perdre un de leurs enfants ne soient pas plus souvent visités par les truqueurs de ce genre.

Truc des vêtements

Une autre catégorie de mendiants fait la chasse aux vieux habits.

Les uns se présentent à vous couverts de guenilles et vous supplient de leur donner les vêtements dont ils ont besoin pour se présenter chez le patron qui doit les embaucher.

Les autres vous apparaissent, par les froids les plus rigoureux, avec une vêture de toile, la plus mince qu'ils ont pu trouver, et, en faisant claquer leurs dents, ils vous déclarent qu'ils vont mourir de froid.

Il est bien rare qu'une personne qui croit à la bonne foi des mendiants résiste à ces demandes; elle choisit dans sa garde-robe quelque chose de présentable, et le futur employé ou le malheureux qui grelotte court aussitôt vendre son précieux butin au fripier qui l'attend.

S'il peut recommencer plusieurs fois par semaine ce petit commerce, à la fin du mois il a plus gagné que l'ouvrier tailleur qui a confectionné les vêtements.

J'ajoute que ces trafiqueurs de vêtements agissent plusieurs en commun, comme d'ailleurs la plupart des mendiants, et que celui qui est bien accueilli dans une maison y renvoie, l'année suivante, son associé qui, n'étant pas connu, obtient lui aussi, à son tour, bon accueil et bonne vêture.

Truc de la quittance

D'autres mendiants, formés en syndicat, usent du truc de la quittance.

Ils commandent à un imprimeur un stock de quittances de loyer, faisant laisser en blanc le numéro et le nom de la rue qu'ils inscrivent à leur convenance, suivant les besoins du moment. Savent-ils, par exemple, qu'un député ou qu'un conseiller municipal généreux demeure dans la rue de la Paix, immédiatement ils fabriquent une quittance d'un propriétaire voisin de la rue de la Paix, et se présentent au député ou au conseiller comme un pauvre de son quartier.

Apprennent-ils qu'un homme ou qu'une dame charitable distribue de grandes aumônes aux malheureux de son arrondissement, vite ils accourent avec une quittance prouvant qu'ils appartiennent à l'arrondissement.

Et ainsi ils exploitent les curés, les maires, les administrateurs d'œuvres de bienfaisance et surtout ceux qui, comme cela arrive souvent, veulent avant tout secourir les indigents leurs voisins.

Et, de plus, ils évitent presque toujours, à l'aide de cette quittance présentée à propos, l'enquête, la terrible enquête si redoutée des mendiants professionnels.

5.

Truc du billet d'hôpital

Ceux qui emploient pour mendier le billet
de sortie d'un hôpital ne sont pas, eux, réunis
en syndicat ; aussi n'ont-ils pas les moyens
d'avoir recours à l'imprimeur. C'est pourquoi
ils se contentent ou de falsifier la date d'un
billet qui leur a été donné autrefois ou d'en
emprunter un à quelque camarade.

Ce truc réussit en général et, en effet, il
faudrait avoir un cœur bien dur pour rester
sourd aux prières d'un malheureux qui se dit
à peine convalescent et condamné à une re-
chute s'il n'a pas au moins un lit pour dormir
pendant la nuit. On se laisse d'autant plus
apitoyer qu'on sait que l'encombrement des
hôpitaux oblige l'administration de l'Assistance publique à mettre dehors des malades qu'il serait nécessaire de garder encore
quelque temps.

Et je serais tenté moi-même d'excuser les
malheureux qui implorent la charité publique
avec un billet d'hôpital si je ne savais, hélas !
que ces billets sont presque toujours achetés
pour quelques sous par des intermédiaires

qui les revendent à des mendiants professionnels.

Perte simulée d'argent

Il y a aussi des industriels du même genre
qui dressent des jeunes gens à simuler des
pertes d'argent afin de se les faire rembourser
par le public.

Ceux dont ils se servent sont, en général, af-
fublés d'un costume de cuisinier ou de pâtissier.
Tout à coup ils s'arrêtent au milieu d'une rue et,
les yeux grands ouverts, ils cherchent et recher-
chent pendant un grand moment, puis, quand
il y a un attroupement suffisant autour d'eux
ils se mettent à sangloter.

Pressés de questions par les uns et par les
autres, ils n'ont pas la force de répondre; enfin,
s'expliquant par syllabes et par gestes, ils font
comprendre qu'ils ont perdu 5 francs qu'ils
rapportaient de chez la pratique et qu'ils vont
être chassés par leur patron.

La foule a pitié de leur chagrin, chacun
fouille dans sa poche et bientôt le tour est
joué, la monnaie empochée et les gamins partis

dans une autre direction où ils vont recommencer leur petite comédie.

J'ai eu la constance, un jour, de suivre un de ces petits comédiens pendant toute une après-midi. Après m'avoir conduit de l'Arc de Triomphe au Panthéon, en recommençant quatre fois la même farce sur le même ton, il disparut dans un long corridor d'une maison de la rue du Cardinal-Lemoine, où j'appris qu'il était un des quatre employés d'un hercule de places publiques.

Nouveaux trucs

Mais tous les trucs que nous venons de passer en revue sont connus depuis de longues années ; tandis qu'il en est d'autres plus modernes qui prouvent que la science de l'invention a fait des progrès dans toutes les branches de l'industrie ; en effet, ceux que je vais signaler ont été découverts, il y a deux ans à peine, par d'ingénieux professionnels.

C'est d'abord le truc des cabinets inodores, truc qui a été exploité, cet hiver, dans tous les quartiers de Paris.

Une dame bien mise et ayant toutes les apparences de la fortune, prise d'un besoin pressant, se précipite-t-elle vers un édicule bien connu ou dans un passage hospitalier, aussitôt elle est arrêtée au milieu de sa course par une femme proprement vêtue qui, la saisissant par le bras, lui fait comprendre qu'elle aussi a le même besoin, mais n'a aucun argent pour le satisfaire.

La dame pressée laisse tomber dans la main de celle qui implore sa compassion les sous qu'elle a préparés pour elle, et achève sa course sans s'apercevoir que celle qui l'a arrêtée si mal à propos cherche de nouveau à exploiter quelque autre dame pressée.

Nous avons aussi, comme nouveau truc, le truc de l'omnibus.

Avez-vous un air sympathique et passez-vous près d'une station de tramways qui conduit à la banlieue, il est bien rare alors que vous ne soyez pas abordé par une femme, jeune ou vieille (les deux sont toujours intéressantes pour des motifs différents), qui vous raconte, les larmes aux yeux, que ses jambes ne peuvent plus la porter et qu'elle n'a pas un sou pour prendre la voiture qui doit la conduire chez elle.

Si elle vous rencontre aux environs de l'Hôtel de Ville, c'est à Choisy-le-Roi ou à Bicêtre qu'elle habite ; si, au contraire, vous la trouvez à la place de la Madeleine, elle doit se rendre à Courbevoie ou à Suresnes.

Ce truc est bien inventé et peu de personnes résistent à cette demande ; cependant, si elles voulaient prendre la patience d'attendre, elles verraient la prétendue voyageuse renouveler la même prière auprès de nouveaux arrivants, et quelquefois elles auraient la douleur d'apercevoir, comme j'ai pu le faire moi-même, leur argent prendre le chemin de la boutique d'un marchand de vins voisin.

CHAPITRE IV

MENDICITÉ DÉGUISÉE

Il ne faudrait pas croire qu'en donnant un nom nouveau à ce chapitre, j'en aie fini avec les truqueurs.

La mendicité déguisée n'est, en effet, qu'un truc, et sous ce titre je place les coureurs de foire qui prennent aux gogos leur argent et leur promettant un gain qu'ils n'obtiennent jamais ou en faisant miroiter à leurs yeux de trompeuses espérances.

J'y place aussi d'antres professsionnels qui pour vivre emploient des moyens ayant certains points de contact avec la mendicité.

Loin de moi la pensée de vouloir atteindre toute la corporation des forains. Je connais personnellement les Pezon, les Delille, les Corvi et autres entrepreneurs de spectacles dans les fêtes publiques, qui sont les commerçants

les plus honnêtes et les plus estimables qui
soient ; mais, hélas ! il faut bien l'avouer, l'ancien forain disparaît peu à peu pour faire place
à des industriels usant d'expédients illicites, et
ce sont ceux-là dont il faut arrêter l'entreprise
dans l'intérêt du public comme dans l'intérêt
même et pour l'honneur du vrai forain.

La bonne aventure

Les exploiteurs de la charité publique dans
les foires et dans les fêtes sont, au premier
chef, les diseuses de bonne aventure.

On pourrait faire rentrer dans cette catégorie l'homme qui tend la main gauche en
offrant de la droite des petits papiers jaunes,
verts et rouges, qui doivent annoncer à l'acheteur les événements heureux et malheureux
de sa vie.

Mais celui-là n'est qu'un mendiant ordinaire
qui ne déguise pas sa profession et qui n'offre
ses papiers qu'afin d'avoir une occasion de
demander la charité.

La diseuse de bonne aventure, quoique

aussi sérieuse que le vendeur d'amusettes pour badauds, essaye au contraire de faire croire à ses facultés de seconde vue ; elle emploie même, pour tromper le public, une certaine mise en scène qui consiste à s'endormir après une lutte de quelques secondes.

Ici la mendicité se double du délit d'escroquerie.

En effet, si la diseuse de bonne aventure ne commet pas d'escroquerie en vous laissant espérer pour vos vingt sous toutes les joies de l'amour et de la fortune et en faisant errer votre imagination au travers de tous vos rêves d'antan, il n'en est plus ainsi quand, par exemple, vous parlant d'une grosse succession que vous allez recevoir ou d'une femme qui vous aime, elle vous déclare qu'il y aura de grandes difficultés à recueillir celle-là et de grands dangers à conquérir celle-ci, à moins cependant que vous ne consentiez à lui donner de l'argent, beaucoup d'argent, nouveau cadeau qui lui permettra de parler et de vous apprendre à éviter dangers et difficultés.

Certes, je ne plains pas les gens riches qui, pour rire et ܘ ܘ dépenser un argent qu'ils

ne savent comment employer, se font tirer les
cartes ou lire dans la main ; mais, hélas ! c'est
que les victimes de ces bohémiens sont, en
général, les ouvriers, les paysans, gens peu
fortunés, toujours en quête de surnaturel,
parce qu'ils ont le plus besoin d'espérances,
et qui vident leur porte-monnaie pour apprendre un mensonge ou quelquefois une vérité
qu'eux-mêmes, sans s'en apercevoir, ont déjà
appris à la sorcière.

On ne s'imagine pas ce que ces femmes
laides, sales, et souvent bêtes, font de
recettes.

Il est honteux de voir l'administration donner à des gens, qui la plupart du temps sont
étrangers, le droit tout à la fois de mendier et
de voler.

Et je m'étonne que nos commissaires de
police et nos officiers de paix, si scrupuleux
dans certains cas, n'aient pas encore signalé
à l'administration la nécessité de protéger le
public en n'accordant plus d'autorisation à
ces diseuses de bonne aventure.

La Préfecture de police a déjà commencé,
il y a quelque temps, à se préoccuper de la

question ; mais les mesures qu'elle a prises ne
sont pas suffisantes. Il faut que, sans hésiter,
elle défende à tous ces devins, sous peine de
poursuites correctionnelles, de continuer
l'exercice d'un semblable métier.

La loterie

N'ai-je pas à tenir le même langage à propos
de la loterie, cette autre exploitation de la cré-
dulité publique ?

Je veux bien ne rien dire du jeu qui consiste
à faire tourner une roue et à faire gagner à
celui qui la tourne un objet de 1 ou 2 centimes
moyennant un versement de 1 ou 2 sous.

C'est là une mendicité déguisée qui amuse
le public et qui, à la grande rigueur, peut être
tolérée.

Mais, à côté de cette loterie bénigne et qui
n'a jamais ruiné personne, il y a les loteries
où l'on joue de l'argent et par lesquelles sont
envahies les villes de bains de mer.

Tantôt c'est une roue partagée en quatre
parties égales ayant chacune une couleur
différente et divisée en trente-deux numéros.

Tantôt ce sont des boules portant chacune un chiffre différent qui, agitées par le propriétaire de l'outillage, rentrent l'une après l'autre dans un étui placé au milieu d'une roue.

Celui qui a pris le bon numéro, celui qui a le chiffre porté sur la boule qui rentre la dernière dans l'étui reçoit trente-deux fois sa mise ; le joueur qui a parié sur une couleur qui sort touche quatre fois la somme qu'il a engagée ; aussi ne doit-on pas s'étonner de l'attrait que présente pour un grand nombre de personnes cette roulette foraine.

Lorsque j'ai rencontré un semblable jeu sur une plage, quelque isolée qu'elle fût, j'ai toujours eu beaucoup de peine à me frayer un passage à travers la foule pour arriver à voir quelque chose. Et dans cette foule il y avait, hélas ! plus de pauvres pêcheurs que de riches baigneurs.

L'année dernière, je me trouvais sur le bord de la mer, dans un petit village du Calvados où il n'y avait pas moins de trois roulettes installées en plein vent, et j'avais remarqué avec quel aplomb le propriétaire de l'une d'elles tenait des coups de mille francs sans en avoir vingt dans sa caisse.

Je voulus connaître sa façon d'opérer. Il ne s'agissait pour cela que de lui délier la langue : je l'emmenai déjeuner un matin à mon hôtel et je lui avouai que, joueur décavé, je désirais bien me refaire et peut-être acheter un instrument comme le sien.

C'en était assez ; et bannissant toute méfiance, il m'expliqua, avec force démonstrations, non pas comment on pouvait faire gagner la couleur voulue, mais empêcher un numéro chargé d'argent de sortir.

Conclusion : Tous ces teneurs de loteries exercent un métier malhonnête. C'est pourquoi ils devraient être poursuivis sans merci par la police, qui, loin de là, les protège.

Et ils sont protégés, alors qu'on ferme impitoyablement les marchands de vins et les cafetiers chez lesquels des clients jouent un peu d'argent pour s'amuser ; et ils sont autorisés, lorsque les cercles les plus honorablement composés n'obtiennent aujourd'hui leur ouverture qu'à la seule condition que

6

leurs gérants s'engageront formellement à ne laisser jouer aucun de leurs sociétaires.

Dans quel gâchis administratif pataugeons-nous, grands dieux ! et pourquoi les maires, qui accordent ainsi à la légère aux jeux de hasard le droit de plumer leurs contribuables, ne reçoivent-ils pas des admonestations sévères de la part des préfets ?

Après cela, il est vrai que j'ai vu un préfet perdre, un soir, 200 francs à une roulette de Berck.

Bonneteurs

Je ne veux pas parler des jeux organisés pour exploiter le bon public, sans m'occuper aussi de MM. les bonneteurs.

Bien qu'on ait dénoncé souvent leurs méfaits, la plupart des gens se laissent malgré tout prendre à leur boniment.

Le jeu du bonneteau consiste à placer sur un tapis trois cartes qui ont été montrées, et à en faire deviner une après les avoir mêlées ; celui qui nomme la carte sur laquelle il a posé une pièce d'argent gagne une fois sa mise ; celui qui se trompe perd sa pièce, ce qui lui arrive souvent, car même si, par le plus grand des hasards, le ponte devine la carte, le maître du jeu arrive presque toujours à lui prouver qu'il s'est trompé et empoche tout de même son argent.

Les bonneteurs se divisent en plusieurs classes.

Nous avons d'abord le bonneteur prolétaire, qui fait jouer deux sous sur les chemins conduisant aux courses et aux fêtes.

Nous avons ensuite celui qui exerce son métier dans les chemins de fer, en 3° et en 2° classe.

Enfin, nous avons le bonneteur aristocrate, qui ne monte qu'en 1re classe.

Ces exploiteurs de la bêtise humaine marchent trois ou quatre ensemble, dans l'attitude de gens qui ne se connaissent pas.

Dès qu'ils aperçoivent ce qu'ils appellent une bonne tête, vite l'un d'eux étale un tapis et invite ses compères à jouer.

Ceux-ci risquent gros jeu, et naturellement gagnent à tout coup ; aussi, au bout de quelques instants, les badauds se disputent-ils la faveur d'essayer leur veine, qui est toujours mauvaise.

Les bonneteurs forment une immense association, à la tête de laquelle est un chef puissant qui assigne leur rôle à tous ceux qui entrent dans la société.

Le bonneteur est tenu de rendre l'argent qui lui a été avancé par le chef, de payer les vêtements qui lui ont été livrés et de verser par jour une somme fixe à la caisse de la société.

S'il remplit ses obligations, il est défendu, quoi qu'il fasse, par le chef de la société ; mais aussi, s'il les oublie, on prétend qu'il est terriblement puni.

Je reconnais que la police poursuit les bonneteurs, mais, j'ajoute, sans grand succès.

Cartes transparentes

Il n'en est pas de même pour les prétendus marchands de cartes transparentes qu'elle semble ignorer et qui, le visage pâle et l'œil vague, montent et descendent tous les soirs les boulevards, à la recherche d'un bon jeune homme ou d'un vieillard naïf.

Ces commerçants achètent 50 centimes de vieux jeux de cartes à un ami, croupier ou garçon d'un cercle; ils l'habillent d'une enveloppe sur laquelle est dessinée une femme nue; puis, parlant à l'oreille de celui qu'ils accostent en lui montrant ladite enveloppe : « Voulez-vous, monsieur, disent-ils, des cartes transparentes? mais cachons-nous, la police m'arrêterait. » Et ils vendent jusqu'à 4 et 5 fr. ces jeux de cartes aux imbéciles qui se laissent prendre et qui, rentrés chez eux, s'aperçoivent un peu tard qu'ils ont été volés et n'ont même pas la ressource de dénoncer celui qui les a trompés, peu désireux de faire savoir qu'ils ont été acheteurs de cartes transparentes.

Quelques-uns de ces honnêtes commerçants se répandent le soir dans les cafés et restaurants de nuit, pour offrir aux clients de faire leur portrait ou de leur dire la bonne aventure, ou encore de mesurer la force de leur sang. Inutile d'ajouter, n'est-ce pas? qu'ils font toujours de bonnes recettes.

Entresorts

Ce sont les mêmes personnages qui tiennent les entresorts dans les foires et fêtes publiques, et auxquels la police accorde des autorisations, sachant très bien pourtant que dans ces entresorts s'exercent à tour de rôle la mendicité et la prostitution.

L'entresort est une baraque très primitive où on exibe de grandes, de grosses, de petites femmes, et quelquefois de jolies étrangères, cousines de Fatma.

Dès qu'un nombre suffisant de curieux ont payé leurs deux sous pour entrer dans la baraque, un rideau s'ouvre, et vous voyez apparaître le sujet annoncé qui fait lui-même sa présentation, toujours terminée par l'annonce d'une quête.

Jusque-là c'est de la mendicité avec truc, car souvent la géante a une taille ordinaire et la naine pourrait se promener dans les rues sans être remarquée.

Mais tout n'est pas fini ; quand le rideau est refermé, les gens qu'on soupçonne aimer à rire sont invités à passer derrière le rideau

et à venir s'assurer, moyennant une pièce de
dix sous ou de vingt sous, que tout ce que le
phénomène a exhibé est bien naturel.

C'est là qu'appar ait la prostitution et, ce
qui est plus grave, la prostitution à la portée de tous les âges.

Il me semble que la santé et la moralité
publiques réclament un peu moins de com-
plaisance de la part de ceux qui sont chargés
de veiller sur elles.

Il y a bien quelques entresorts honnêtes
qui font exception à la règle ; mais, dans le
doute, et avec les difficultés qu'on a de sur-
veiller d'une manière efficace ces établissements, ce genre d'exploitation doit disparaître.

Saltimbanques en plein vent

Je ne serai pas aussi sévère pour les saltimbanques en plein vent qui ne font pas travailler les pauvres enfants martyrs. Et, bien que
ceux qui ont adopté cette profession aient
plus d'un point de contact avec les mendiants
professionnels, on peut dire, à la rigueur,

qu'ils ont un métier comme les acrobates ou les clowns de cirque, qui ne diffèrent d'eux que parce qu'ils ont mieux réussi.

Certes, je n'ai pas la prétention de donner ici une énumération de tous les saltimban- ques ; cette énumération serait, en effet, trop longue et ne pourrait jamais être complète, tant les différents exercices des saltimbanques en plein vent sont variés et nombreux. Mais je m'empresse d'ajouter qu'ils se ressemblent tous, ces coureurs de fêtes, par la façon avec laquelle ils exploitent la charité publique.

Les plus connus sont les hercules qui lèvent à bras tendus d'énormes poids rendus quel- quefois légers par des préparations faciles à deviner ; les acrobates qui font le poirier et marchent sur les mains ; les montreurs de chiens savants ; les cornacs de pauvres enfants malingres et chétifs qu'ils obligent à danser jusqu'à ce que mort s'ensuive ; les escamo- teurs, très prisés dans nos campagnes, où ils épouvantent la jeunesse, qui les prend pour des sorciers.

Nous avons aussi les chanteurs ambulants, qui sont pour la plupart des fils ou des filles de mendiants, ne rougissant pas d'ailleurs de leur condition et poussant même quelquefois avec une certaine crânerie la romance ou la chansonnette en vogue.

Mais cependant j'ai constaté que ces chanteurs et chanteuses publics avaient d'autres origines. En voici une, entre autres :

J'étais dernièrement accosté dans une petite commune de la Haute-Vienne, à Mortemart, où une foire devait se tenir le lendemain, par un chanteur ambulant qui m'aborda en souriant familièrement et en me demandant si je me souvenais de lui.

Comme ma réponse était négative:Comment, me dit-il, vous ne vous souvenez plus de votre ancien camarade du quartier, le premier secrétaire des hydropates, l'ami de Goudeau et de Grenet-Dancourt? Ah! ajouta-t-il, quel différent chemin parcouru par les uns et par les autres ! Dancourt fait interpréter ses pièces par les acteurs de Cluny, tandis que moi, je suis forcé de chanter mes œuvres sur les grandes routes et sur les places publiques. Malgré tout, termina-t-il, le métier a du bon.

Je pris congé de l'ancien secrétaire des

hydrop..tes, tout en songeant à ce qu'il pouvait y avoir de bon dans ce métier.

Et le lendemain j'assistai à l'exécution de
ses œuvres par des jeunes femmes courant la
foire, chantant des romances patriotiques
et vendant, en même temps, aux paysannes,
des épingles, des peignes et autres marchandises de même sorte.

Interrogées par moi, elles me déclarèrent
avoir été servantes de brasserie d'où notre
impresario les avait enlevées en leur dépeignant avec éloquence les beautés de la vie de
hasard et des grandes routes.

Parmi les saltimbanques en plein vent, il
faut noter aussi les marcheurs sur échasses,
qui se servent quelquefois de leur haute taille
pour s'introduire dans les étages dont les
habitants sont absents et dont les fenêtres
sont ouvertes.

A citer encore les joueurs d'orgue, qui nous
arrivent de toutes les parties du monde; et
les musiciens, dont la plupart sont des Ita-
liens venus enfants à Paris, où ils ont débuté
sous les ordres d'un exploiteur qui, les ayant
loués à leurs familles moyennant un certain

prix et pour un nombre déterminé d'années, les a contraint pendant toute la durée de leur séjour chez lui à sortir par les plus mauvais temps et à rapporter chaque soir une somme déterminée.

Devenu jeune homme, le musicien s'associe avec deux ou trois de ses compatriotes, et le trio parcourt, l'hiver, les cafés et les cours de la capitale ; l'été, les stations balnéaires et les fêtes foraines.

Je disais tout à l'heure qu'il ne fallait pas user de trop de rigueur envers les saltimbanques en plein vent ; mais il est bien entendu que cette demande de clémence n'est pas faite pour la catégorie de gens qu'on appelle les bohémiens et dont le passage dans nos campagnes est souvent marqué par de nombreux vols quand il ne l'est pas par quelque assassinat.

Et je n'aurais qu'à ouvrir la collection du premier journal venu pour y trouver la relation de cinq ou six crimes annuels dont nous leur sommes redevables.

C'est pourquoi les Allemands, lassés de donner l'hospitalité à des étrangers qui la reconnaissaient si mal, ont pris une mesure radicale en interdisant à tout bohémien le séjour et même le passage dans leur pays ; de telle sorte que, chaque fois qu'une voiture de ces dévaliseurs est signalée sur le territoire allemand, immédiatement la gendarmerie est prévenue, la reconduit sous escorte à la frontière la plus proche.

Il n'y a aucune exception.

Pourquoi, par suite d'une bienveillance inexplicable et contraire à nos intérêts, n'avons-nous pas pris une semblable mesure, à laquelle applaudiraient tous ceux, et ils sont nombreux, qui ont eu à souffrir des bohémiens ?

Il est beau d'être généreux envers les étrangers, mais il faut pour cela que les étrangers le méritent.

Le bohémien est quelquefois saltimbanque, mais il est surtout fabricant et vendeur de paniers qu'il fait, bien entendu, avec le bois qu'il prend dans les propriétés qu'il traverse.

Quand il est à Paris, il se transforme en marchand de papier à lettres et d'autres objets analogues, mendicité déguisée qui, d'ail-

leurs, est fort appréciée par certains de nos
nationaux.

Les vendeurs de papier à lettres, de crayons, de mercerie, de peignes à moustaches

Le Français vendeur de papier à lettres et
d'autres fournitures de mercerie parcourt les
villes et les campagnes, comme tous les saltimbanques et forains dont nous venons de
parler, et son seul but est d'attraper de l'argent sans livrer la moindre marchandise. Ce
n'est que forcé par l'attitude du client qu'il
se décide à donner quelque chose pour le sou
ou pour les deux sous qu'il reçoit.

A Paris, ce vendeur opère plus spécialement dans les lavoirs et les marchés.

Dès qu'il a récolté quelque argent, il court
le dépenser dans un débit de boisson, car il
ne vit que d'arlequins et couche tantôt dans
un garni, tantôt dans un autre.

Mais son vrai champ d'exploitation est la
province, ou mieux la campagne. Il est l'hôte

indispensable de toutes les fêtes publiques, de tous les bals champêtres. On lui achète rarement, on lui donne souvent. Il prend part aux festins dans les granges, où il couche lorsque les tables sont enlevées.

Il va d'un pays à l'autre, sur quelque charrette au conducteur complaisant, ou en tendant la main dans les fermes et dans les châteaux qu'il rencontre sur sa route, et auxquels il demande, le soir, une botte de paille et un toit.

Vendeurs de tabac

A côté du vendeur de papier à lettres se place le vendeur de tabac, qui, lui, travaille seulement à Paris et ne va jamais en province.

Ce métier est assez peu connu et est, paraît-il, très productif.

Il occupe trois sortes d'ouvriers différents :

Les ramasseurs, les éplucheurs, les vendeurs.

Nous avons tous vu opérer le ramasseur, à la devanture des cafés; il se faufile avec adresse entre les tables et y ramasse, sans gêner personne, les bouts de cigares et de cigarettes jetés là par les fumeurs, et souvent, en se relevant, il tend la main au consommateur le plus près de lui.

Le soir, les ramasseurs se rendent dans des assommoirs du faubourg du Temple, où les attendent les éplucheurs, qui, à leur arrivée, commencent leur journée.

Assis autour de tables recouvertes de journaux, ils défont les cigarettes et cigares apportés devant eux et en retirent le tabac.

Pendant ce temps, les ramasseurs mangent leur pain et leur saucisson, et, moyennant les 15 centimes qu'ils payent pour leur verre de vin, ils obtiennent le droit de dormir.

Puis, à deux heures du matin, ramasseurs et éplucheurs sortent de l'établissement, qui ferme pour rouvrir à trois heures et leur permettre alors, pour le même prix, de faire un nouveau somme pouvant durer jusqu'au matin.

Quant aux vendeurs, ils entrent en scène dès que s'effectue la première sortie, ou mieux la fermeture du débit. Ils ont pour mission de

vendre, près le marché Maubert, les paquets
de tabac confectionnés par les éplucheurs
et éplucheuses, car il y a des femmes
parmi ces confectionneurs de paquets de
tabac.

La clientèle de ces marchands se recrute
surtout parmi les maçons du Limousin et de
la Creuse, qui passent place Maubert en
allant à leur travail et qui sont enchantés de
se procurer un gros paquet de tabac pour
20 ou 25 centimes.

J'ai même connu un vrai marchand de
tabac qui, plusieurs fois par semaine, venait
acheter de ce tabac ramassé sur les boulevards et dans les rues, et dont les clients,
paraît-il, ne se sont jamais plaints.

Cet honnête commerçant gagnait plus, on
peut le croire, en allant s'approvisionner au
marché Maubert qu'à la régie.

Et à propos de cette industrie exercée par
des professionnels qui ont horreur du travail,
je trouve dans un journal, une interwiev où le
rédacteur nous présente les révélations d'un
mégottier, comme il l'appelle, et que je ne
résiste pas au plaisir de reproduire.

Il s'agit de la grande colère des ramasseurs de bouts de cigares contre la police qui les tracasse;

Les Mégottiers

Il y a quelques jours, dans l'arrière-boutique d'un marchand de vin de la rue Maître-Albert, quelques « mégottiers » se sont réunis pour « jeter les bases d'un syndicat de défense et de protection mutuelle »,

Ce n'est pas la première fois que les mégottiers, dont l'industrie ne figure à la rubrique d'aucun Bottin, prennent l'initiative d'une pareille résolution. Seront-ils plus heureux aujourd'hui? Là-bas, autour de la statue d'Etienne Dolet, on se montre généralement sceptique. Vous comprenez, nous disait l'un d'eux, il faudrait mettre à la tête de notre syndicat un homme *capable*, et où le trouver parmi nous?

— Nous avions songé à nous constituer en syndicat, continue le mégottier, parce que nous avons, tou les jours, à subir les tracas-

series d'agents trop zélés. On ne nous laisse
pas librement exercer notre métier, qui pourtant ne gêne personne. Nous sommes des
gens paisibles. C'est pendant l'été que notre
métier devient le plus difficile et pour peu que
l'on nous ennuie, nous n'arrivons pas, au
bout de la journée, à gagner un morceau de
pain.

— Pourquoi, l'été?...

— C'est la morte-saison, monsieur. L'ouvrier qui, par économie, s'approvisionne che-
nous, devient en été un concurrent. Il ramasse
les bouts de cigare et de cigarette qu'il trouve
sur son passage. Il a bien vite récolté sa pré-
vision de tabac. Autant de gain qui nous est
enlevé. Mais l'hiver, ah! dame! l'hiver, quand
les rues sont pleines de boue, il faut être du
métier pour découvrir les endroits où l'on
peut rencontrer des mégots à peu près pro-
pres. Tout ça ne s'apprend pas en un jour.

Notre mégottier est sur la voie des confidences. C'est peut-être l'effet d'une « verte »
qu'il *lampe* avec une visible satisfaction. Le
voici qui cligne de l'œil :

— Et tenez, puisque vous n'êtes pas du bâ-

timent, je puis bien vous le dire. Il y a des
endroits, où en quelques instants, j'en ai plein
mes poches, de mégots — et de bons. C'est
entre les grands boulevards et la rue Lafayette
que « ça se passe », autour des cafés. Les
théâtres donnent encore beaucoup avec leurs
entr'actes, mais seulement des cigarettes. Ici
la qualité varie beaucoup. A l'Opéra, à la
Comédie-Française et dans quelques théâtres
du boulevard, on récolte du maryland, de fines
cigarettes de tabac turc, égyptien, hongrois.
C'est un article très apprécié chez nous.
Dans les théâtres de quartier, le caporal do-
mine. Et puis, là, on fume la cigarette jusqu'au bout. Nous ne pouvons pas l'utiliser.

Jusqu'au bout! il fallait voir de quel air
dédaigneux cela était dit. Il est évident que
le mégottier professe un suprème mépris pour
tous ceux qui ne jettent pas leur cigarette à
la première bouffée.

Au cours de ce bavardage, notre interlocuteur nous a fait une révélation qui a
son importance et qui surprendra bien des
gens. Dans certains bureaux de tabac des
quartiers excentriques, le patron, peu scrupu-

leux, ne dédaigne pas les bons offices du mégottier.

Voici comment le trafic s'opère. Le mégottier apporte sa récolte de cigarettes à un industriel spécial qui opère une méticuleuse
sélection et fait subir au tabac certaine pré-
paration pour lui enlever un peu de son amer-
tume. Cela fait, notre industriel l'écoule au
buraliste qui mélange à petite dose ce tabac
à celui de la régie. Cela n'est ni propre ni délicat, mais l'opération est fructueuse et cela
suffit.

Certains mégottiers ne sont donc pas embarrassés pour écouler leur marchandise. Peu
ou prou, le métier nourrit son homme.

Malheureusement, en été, la recette jour-
nalière ne dépasse pas deux francs. C'est peu.
Il est difficile dans ce cas de joindre les deux
bouts. Aussi ces braves gens se plaignent-ils
d'être tarabustés par les agents.

De là la petite agitation qu'on a remarquée
ces jours-ci.

Bien que ces vendeurs de tabac puissent
sembler exercer un métier, ils ont cependant,
on l'a vu, beaucoup de rapport avec le men-

diant, quand ce ne serait que par l'origine de
la marchandise qu'ils offrent. Nous nous trou-
vons donc bien encore en présence d'une
mendicité déguisée.

———

CHAPITRE V

MENDICITÉ SANS APPRÊT

S'il y a, comme nous venons de le constater, une mendicité déguisée, il y a aussi une mendicité que j'appellerai mendicité sans apprêt, exercée par des gens qui n'ont recours à aucune ruse, à aucun truc pour demander la charité.

Cependant, il ne faut pas croire que cette catégorie de mendiants aille toujours se poster n'importe où et frapper indistinctement à toutes les portes.

Non, assurément : cette industrie, car c'est une véritable industrie, a ses indicateurs, elle a même des places préférées qui s'achètent.

En voici un exemple :

Je me livrais, depuis plusieurs mois déjà,

à une étude de la mendicité, lorsqu'un jour de janvier 1889, un ancien agent de la Préfecture de police qui me guidait dans le monde interlope des mendiants vint me chercher pour me conduire chez un marchand de vin dont ces Messieurs font toute la clientèle.

Il y avait là, autour d'une table, vingt personnes, hommes et femmes, s'agitant en face d'un grand vieillard qui, suivant son expression, mettait aux enchères une marche d'église.

L'acheteur, ou mieux l'adjudicataire, devait avoir seul le droit d'occuper cette marche à l'entrée et à la sortie des offices, et y remplacer l'ancien titulaire qui était mort sans héritier connu.

Le syndicat des mendiants, redevenu propriétaire, vendait à son profit la place du défunt, très lucrative, paraît-il, et très recherchée, si j'en juge par le prix d'adjudication, qui monta à 280 fr. et fut payé comptant par un petit vieux de soixante à soixante-cinq ans, que j'eus la curiosité d'aller voir, de temps en temps, exploiter sa charge et amasser sans doute une petite fortune, car les mendiants privilégiés meurent presque tous capitalistes et donnent l'occasion aux journalistes de rédiger des notes comme celle-ci :

Mendiant capitaliste

« Un vieillard de soixante et onze ans, M. Jules Benoist, habitait depuis vingt-huit années une affreuse masure construite de planches et de ciment, située à l'angle de la rue Piat et du passage Peley.

« Jules Benoist vivait de mendicité.

« Ces jours derniers, on n'apercevait plus le mendiant : des voisins, craignant un malheur, allèrent prévenir le commissaire de police du quartier. Le magistrat fit enfoncer la porte de la cabane habitée par Benoist et trouva son cadavre étendu sur une planchette recouverte de paille.

« Le commissaire de police découvrit dans un vieux poêle en faïence une liasse d'obligations du Crédit foncier, de la Banque de France, de différentes Compagnies de chemins de fer, représentant une valeur de 50,000 fr., ainsi qu'une somme de 2,000 fr.

en or, cachée dans de vieilles paires de bot-
tines. »

Le mendiant qui joue aux courses

Parmi les différentes catégories de mendiants, il ne faut pas oublier celle des joueurs
aux courses.

Ils doivent être probablement ceux qui
sont le plus « dans le train ».

Un chroniqueur des *Débats* nous conte en
ces termes une aventure ayant trait à un de
ces passionnés du jeu :

« Ce mendiant était sordide et lamentable.
Je le rencontrai dans la rue de Sèze, et il me
fit grand'pitié. Il était hâve et maigre comme
s'il n'avait pas mangé depuis plusieurs jours.
Il se traînait à peine. Il avait de vraies larmes
dans ses yeux chassieux. Il représentait la
misère dans ce qu'elle a de plus douloureux :

« Bien sûr, me dis-je, celui-là est un vrai
pauvre. Dieu sait où il loge, de quoi il vit ! Si
les apôtres de la charité raisonnable et rai-
sonnante le rencontraient, eux-mêmes seraient attendris. »

Et je mis dans sa main tendue une petite aumône, qu'il saisit avidement. Puis, je me dis encore :

«Si, d'aventure, il entrait chez un marchand de vin pour prendre quelque cordial il ne faudrait point trop le lui reprocher; car, vraiment, le pauvre diable en a grand besoin? »

Là-dessus, je me retournai pour voir ce que faisait mon homme.

Ce qu'il faisait? Ah! je vous le donne en mille !

Il achetait le *Paris-Sport.* »

On peut lire aussi des échos de ce genre :

La Mendiante riche

En ouvrant la chambre d'une pauvre mendiante, Marie Dufour, morte et enterrée depuis un an, la concierge du numéro 72 de la rue de Sèvres a trouvé une petite fortune de trente mille francs que la « malheureuse » avait cachée dans un vieux tablier.

M. Toquenne, commissaire de police, im-

médiatement informé, a prévenu le juge de
paix pour les formalités d'usage.

Bons de fourneaux

Mais le syndicat des mendiants ne se contente pas de vendre des droits de stationne-
ment sur la voie publique ; on peut aussi lui
acheter des bons de fourneaux.

On m'indiqua l'endroit où je pourrais m'en
procurer, et j'y envoyai, un jour, une femme
bien malheureuse à qui une société dite de
bienfaisance en avait refusé et qui, pour 3 fr.
s'en procura un nombre représentant une
valeur de 6 fr.

Et dire qu'il fut un temps où j'ai été assez
naïf pour acheter de ces bons afin de les distribuer aux pauvres, au lieu de leur donner
de l'argent, croyant me mettre ainsi à l'abri
des tromperies !

CHAPITRE VI

MENDIANTS A DOMICILE

Le grand et le petit jeu

Il y a, ai-je dit plus haut, des mendiants qui se font indiquer les gens auxquels ils doivent demander : ceux-là, ce sont les mendiants à domicile.

Parmi les moyens d'indication mis à leur disposition est un petit Bottin annoté et commenté où sont inscrites les bonnes adresses.

Il paraît qu'il y a plusieurs maisons spéciales qui fabriquent ces petits livres aux bons renseignements.

Ce que je sais, dans tous les cas, c'est que dans les environs de l'Ecole de médecine il en existe une, dont j'ai connu l'adresse par un mendiant bavard, et où je me suis rendu un matin, habillé en ouvrier proprement vêtu.

Le bureau de renseignements est situé au deuxième.

J'étais à peine entré dans une anti-chambre noire et aux odeurs âcres, que je fus aussitôt interrogé par une grosse dame âgée qui, ayant appris que je venais pour les adresses, me conduisit mystérieusement dans un petit cabinet, où elle me demanda si je voulais le grand jeu ou le petit jeu.

N'étant pas été prévenu de la question, j'hésitai à répondre.

Voyant qu'elle avait affaire à un novice et n'ayant aucune raison de se méfier de moi, la patronne (car je suppose que c'était elle) m'engagea beaucoup à acheter le grand jeu.

« — C'est 15 fr., me dit-elle, mais vous y trouverez 950 adresses, et des bonnes ; ceux qui y demeurent donnent toujours, et avec ce jeu-là vous aurez de quoi vivre facilement un an, sans être obligé de faire appel deux fois au même porte-monnaie.

« Le petit jeu, continua-t-elle, n'est que de 5 fr., c'est vrai, mais d'abord il ne contient que 200 adresses, et puis les maisons indiquées y sont si connues qu'elles ne s'ouvrent plus facilement. D'ailleurs, fit-elle avec une moue expressive, tous les mendiants ont ce jeu-là. »

« — Donnez-moi les deux jeux, madame, lui répondis-je. »

Et je partis, emportant deux petits cahiers copiés à la main et sur lesquels j'ai relevé les noms de beaucoup de personnes que je connais et qui sont ainsi, sans s'en douter, désignées à la rapacité des professionnels.

Le mendiant à domicile est habituellement dans ses meubles. C'est le plus souvent un homme de cinquante à soixante ans, déclassé ou se disant tel. Il procède avec méthode, il a ses jours et ses heures pour « faire le pied de biche », c'est-à-dire pour aller sonner chez les personnes qui lui sont indiquées.

Son existence est régulière est sa mise est propre.

Un certain nombre de mendiants à domicile ne possèdent ni le grand ni le petit jeu ; ils relèvent tout simplement sur le Bottin des départements les noms des châtelains qui

habitent Paris, et ils se présentent devant
eux, se disant leurs compatriotes.

Puis, après de nombreuses protestations
de dévouement ils parlent incidemment du
besoin pressant qu'ils ont de se rendre dans
leur famille ; bref, ils finissent leur visite en
demandant l'argent nécessaire à leur voyage.

S'ils obtiennent l'argent, ils vont boire
le prix du voyage chez un débitant quelconque ; si, au contraire, comme cela arrive
quelquefois, on leur remet un billet de chemin de fer, ils s'empressent d'aller le vendre
au rabais.

Une autre mendicité à domicile est la mendicité par lettres, qu'en argot on désigne
sous le nom de « faire le pilon » ou encore
« pilonner », parce que la lettre envoyée au
bourgeois recommandé est presque toujours
écrite par le mendiant lui-même, sauf le cas,
et il est assez rare, où un lettré fait le métier
de rédiger les suppliques qu'il vend à ses
clients un assez bon prix.

CHAPITRE VII

MENDICITÉ DANS LA RUE

Tous ces mendiants que vous venez de voir sont des mendiants privilégiés, et on peut se faire une idée de ce qu'ils extorquent à la charité publique lorsqu'on s'est rendu compte de ce qu'encaissent ceux qui se contentent de parcourir les rues en s'adressant indistinctement à tous les gens qu'ils rencontrent.

C'est ce que j'ai essayé de savoir.

En effet, un jour ayant aperçu, au coin de la rue de la Victoire et de la rue de la Chaussée-d'Antin, une femme implorant la pitié des passants, je me mis en observation, comptant les personnes qui répondaient à son appel.

Je constatai que, dans l'espace d'une heure on lui avait donné vingt-cinq fois. Or, en supposant que chaque fois elle n'ait reçu qu'un sou, c'est donc au tarif de vingt-cinq sous l'heure qu'elle avait travaillé, et cela sans grand'peine.

Elle eût certainement moins gagné et se serait beaucoup plus fatiguée en faisant, par exemple, un ménage pendant cet espace de de temps.

Qu'on juge par là des recettes que peuvent faire les intelligents, les truqueurs du métier!

Chemineux

Dans cette catégorie de mendiants des rues nous classerons les chemineux, qui exploitent surtout les routes.

Quel est celui de nous qui, pendant un séjour à la campagne, n'a pas rencontré dans ses promenades ces hommes à l'air sinistre, traînant une jambe fatiguée et semblant exiger l'aumône qu'ils sollicitent!

Ce sont les coureurs de hameaux.

Passant aux mêmes époques, devant les mêmes maisons; sachant d'avance ce qu'ils

devront avoir récolté à la fin de la journée, ils s'insurgent contre qui diminue la
somme qu'ils ont l'habitude de recevoir ; et
même, s'ils se croient loin de tout hameau,
ils menacent, parlent haut, et arrivent à
effrayer si bien ceux qu'ils implorent, que
presque toujours ils emportent triomphants,
l'aumône sur laquelle ils comptaient.

Les presbytères sont notamment considé-
rés par eux comme une proie désignée à
leurs exigences, et ils sont prêts à ameuter
par des récits mensongers la population
contre son curé, si celui-ci ne satisfait pas à
toutes leurs prétentions.

Ils ne reculent même pas devant les voies
de fait, et je connais à ce sujet bien des histoires édifiantes.

Une entre autres :

Il y a quelques années, par un beau soleil
d'août, vers deux heures de l'après-midi, se
présentait au presbytère de la commune de
R..., petit village situé tout près de la route
conduisant de Paris à Limoges, un mendiant
de vingt-cinq à trente ans, armé d'un gros
bâton.

M. le curé travaillant à son jardin, le jeune solliciteur fut reçu par la vieille bonne, qui refusa de lui donner le moindre secours.

Il supplia d'abord, s'emporta ensuite, puis voyant qu'il n'obtenait rien, il arriva au paroxysme de la colère et abattit son bâton sur la tête de la domestique, qui tomba inanimée dans sa cuisine.

Avant qu'elle eût repris ses sens, notre mendiant avait disparu depuis longtemps en emportant le porte-monnaie de sa victime.

On alla, comme toujours en pareille occasion, quérir la gendarmerie ; mais, comme toujours aussi, la gendarmerie, après les constatations habituelles, ne s'occupa plus du fugitif, qui put continuer, sans être inquiété, son petit commerce de mendiant-voleur.

Il est juste de reconnaître que parmi ces coureurs de campagne on trouve souvent des repris de justice, surtout sur les chemins qui conduisent d'une prison centrale à Paris. Aussi ne doit-on pas attribuer aux mendiants seuls les crimes et les délits qu'on reproche à ceux qui font métier d'exploiter la province bien que cependant ils en aient leur bonne part.

Dès que le soir arrive, on voit les chemineux se présenter, humbles et suppliants, aux portes des maisons qu'ils rencontrent. Ils demandent d'abord timidement un morceau de pain et une botte de paille, puis s'enhardissant peu à peu, ils deviennent plus exigeants, ajoutant que d'ailleurs ils ne demandent qu'à payer leur nourriture et leur coucher si on consent à leur confier du travail.

Il n'y a qu'à convenir avec eux d'une tâche pour le lendemain, si on veut ne pas avoir à leur offrir le déjeuner du matin, car alors, réveillés de bonne heure par la crainte d'avoir à travailler, ils quittent la place avant le lever du soleil.

Et comme un jour je demandais la raison de sa paresse à un vagabond à qui j'avais offert de l'ouvrage l'année précédente, et qui était parti brusquement à l'apparition de l'aurore :

« Mais, monsieur, me dit-il, mon métier me rapporte beaucoup plus que celui de terrassier que vous m'avez proposé; et puis, voyez-vous, ajouta-t-il, je ne suis pas un sédentaire, j'aime voir du pays. »

C'est là le chemineux peint par lui-même.

Il m'a été peint aussi, et d'une façon très pittoresque, par un acteur parisien dont le nom est aujourd'hui connu, qui fut, un jour, chemineux par nécessité, et qui a complété mes renseignements sur ce corps d'armée des mendiants, qui est un des plus nombreux.

Ce brave garçon, que je remercie de ses confidences, venait de débuter dans la carrière théâtrale, et pour ses débuts avait trouvé un engagement au théâtre de Chambéry, mais, au bout de quelques semaines l'impresario, trouvant les recettes insuffisantes, quitta, un beau matin, la ville et le théâtre, en oubliant, bien entendu, de payer ses artistes.

La troupe se débanda.

Notre acteur, qui avait quelques économies dans sa poche, prit le train jusqu'à la ville la plus proche, et obtint l'autorisation d'y donner une soirée, qui lui permit de refaire un peu sa bourse.

Il avait l'intention de continuer ainsi jusqu'à

Paris, lorsqu'à son réveil il reçut la visite d'un couple éploré, un camarade et sa femme malade, qui le supplièrent de les prendre avec lui pour continuer les représentations.

A trois, il est plus facile d'amuser les spectateurs ; notre homme accepta, et le soir on chantait et on déclamait devant le public.

Il y avait trois jours que la petite troupe continuait ainsi sa route sur Paris, lorsque, le matin qui suivit la troisième soirée très fructueuse, le couple disparut emportant non seulement la caisse, mais encore les vêtements de celui qui les avait si généreusement autoisés à partager son sort.

Que faire? Plus de chemin de fer, plus de soirées possibles ; il n'y avait qu'un parti à prendre : se diriger à pied vers Paris. En route donc pour Paris, et voilà bientôt notre homme obligé de se mêler aux chemineux.

En le rencontrant, avec son air malheureux et sa mine piteuse, un vieux qui le rejoignit le prit en pitié, et sans doute le jugeant novice, résolut de faire son éducation et de l'instruire dans le métier qu'il le voyait si maladroitement entreprendre.

Et, d'abord, le sentant très fatigué à
l'étape du soir, notre vieux, que les autres
appelaient le capitaine, l'installa dans une
grange abandonnée dont les chemineux
s'étaient emparés, et qu'ils avaient soin
chaque soir de garnir de paille et de bois ré-
coltés dans les environs, puis, s'adjoignant
trois compagnons, il parcourut avec eux les
jardins, les étables d'alentour, et en rapporta
des provisions qui permirent à tous, ainsi
qu'à l'acteur, de faire un dîner auquel rien
ne manqua.

— N'est-ce pas surprenant, lui disait le
capitaine tout en préparant le dîner, qu'il ne
nous ait fallu qu'une heure à peine pour
trouver notre affaire ? Cela ne vous étonnerait
pas si vous saviez combien je connais cette
contrée que je parcours plusieurs fois par an,
et qui est, je puis vous le dire, ma contrée de
prédilection. Et puis, il est vrai, qu'on ne
m'appelle pas capitaine pour rien, et que je
connais mon métier.

Lorsque le dîner fut terminé, le capitaine
s'étendit auprès de son nouveau protégé, et
aussitôt commença la première leçon.

« Vois-tu, mon garçon, lui dit-il, tu en as
une chance de m'avoir rencontré : il n'y a
personne qui puisse mieux que moi te diriger
vers les bons endroits, et même, si tu veux,
comme je me sens attiré vers toi, nous voya-
gerons ensemble, nous ne nous quitterons
plus ; je me fais vieux, j'ai besoin d'affection ;
nous serons le père et le fils.

Mais quoi qu'il arrive, retiens bien ce que
je vais te dire :

« Il n'y a pas, entends-tu, de métier plus
« attrayant, plus séduisant que le nôtre.
« Sans maître, sans gêne, sans entrave, nous
« allons où bon nous semble, nous faisons ce
« que nous voulons, voyageant pour notre
« plaisir, sans souci du lendemain, ni de notre
« nourriture ni de notre gîte.

« Bien loin de dépenser notre argent, nous
« amassons des économies pour les jours de
« chômage à Paris. D'ailleurs, sans nous
« tromper d'un sou, nous pouvons dire, le
« matin, quelle sera la recette de la journée,
« recette que les plus malins qui peinent et
« qui travaillent ne réalisent pas.

« Mais pour cela, on doit bien connaître la

« route à suivre; et surtout ne pas aller à
« l'aventure. Il faut avoir son itinéraire, où
« les maisons généreuses sont marquées au
« crayon rouge, les fermes qui donnent peu
« au crayon bleu. Tu verras aussi quelques
« stations marquées au crayon noir, celles-là
« sont les habitations éloignées et mal gar-
« dées où, sans crainte ni des valets ni des
« gendarmes, on peut faire main basse sur
« la volaille. »

— Surtout, termina le capitaine avant de
s'endormir, sous aucun prétexte ne prends
par la Champagne.

La Champagne pour nous, est partout la
Champagne pouilleuse (sic).

Le lendemain, en passant dans un endroit
qu'avait indiqué à son correspondant l'acteur
devenu chemineux, celui-ci trouva à la poste
une lettre chargée qui lui permit de se sépa-
rer de son protecteur.

Mais avant, il voulut répondre à ses bons
procédés et essaya de lui démontrer qu'il
avait fait fausse voie dans la vie. Il voulut lui
prouver le vide et même l'indignité d'une
telle existence.

Et le capitaine, haussant les épaules, l'arrêta tout net : « Ne continuez pas vos divagations jeune homme, lui dit-il, votre sermon est inutile, j'ai été et je suis plus heureux que vous ne le serez jamais.

Si je suis chemineux c'est par vocation.

J'appartiens à une famille de riches cultivateurs qui, à maintes reprises, quand j'ai été malade, ont essayé de me ramener chez eux ; mais toujours aussitôt guéri, j'ai repris mon bâton et mes voyages, abandonnant avec bonheur, pour le grand air et la liberté, la vie monotone qu'on avait voulu me créer.

Pour être chemineux, mon jeune ami, il faut être être né chemineux. Va donc, tu n'as plus rien à faire avec moi, et je vais chercher un autre compagnon, adopter un autre fils. »

Rien à ajouter, n'est-ce pas, sinon peut-être une simple remarque à faire, c'est que si les ruraux recevaient moins bien les chemineux, et faisaient partout comme dans la Champagne, les chemineux visiteraient moins souvent les ruraux.

Ces vagabonds viennent toujours à un mo-

ment donné, à Paris, le quartier général de
tous les exploiteurs de la charité publique;
aussi on ne peut s'imaginer ce que cette ville
renferme, d'une façon continue, de mendiants
de toute sorte. Pour s'en faire une idée, il
faut pénétrer dans les lieux de rendez-vous
occupés par les sans-travail, visiter les dortoirs improvisés où ils couchent pêle-mêle et
trinquer avec eux dans les assommoirs qui
les recueillent et les empoisonnent.

C'est ce que nous allons faire.

CHAPITRE VIII

LIEUX DE RENDEZ-VOUS

Certes, je n'ai pas la prétention de conduire le lecteur partout où se réunissent et où couchent les mendiants : ce serait souvent monotone et surtout trop long.

Monotone, parce que beaucoup de ces endroits se ressemblent; trop long, parce qu'il y a plus de cinq cents bouges, tant garnis qu'assommoirs, tant auberges spéciales qu'asiles et maisons d'hospitalité de nuit, qui reçoivent les vagabonds de toute espèce.

Aussi me contenterai-je d'entrer avec le lecteur dans les maisons les plus intéressantes à voir, où se donnent rendez-vous les truands modernes.

A tout seigneur tout honneur.

C'est pourquoi nous allons d'abord nous

diriger vers le Château-Rouge, le plus ancien
établissement du genre, et très curieux à
visiter.

Château-Rouge

Le Château-Rouge, connu sous le nom de
la *Guillotine*, est situé 57, rue Galande.

On y rencontre, le soir, deux espèces de
clients : ceux qui, ayant un domicile, ne sont
que des consommateurs, et ceux qui y
viennent pour dormir.

Une seule salle est réservée aux buveurs,
tandis que trois salles sont mises à la disposition des dormeurs.

En entrant, on trouve tout de suite à
gauche de la porte quelques tables et
quelques bancs exclusivement réservés à de
vieilles femmes en état de vagabondage et
dont l'aspect a beaucoup d'analogie avec
celui de la Frochard.

En avançant, à droite du comptoir, on
pénètre dans une salle très bruyante et très

originale où hommes et femmes; truands et truandes, trinquent au son de chansons obscènes.

Les baisers résonnent sur des joues couturées qui semblent avoir horreur de l'eau ; et tous ces hommes déguenillés, à la barbe inculte, ces femmes aux longs cheveux, les uns à demi suspendus sur leurs cous, les autres tombant sur leurs épaules, ont un cadre bien digne d'eux et de leurs ébats.

En effet, ce qui frappe le plus dans cette pièce réservée aux buveurs, c'est, sur le mur du fond, la peinture d'une guillotine appuyée sur quelques centaines de têtes de morts et noire de corbeaux.

En face, on voit deux gendarmes arrêtant un gars vigoureux, ruisselant de sang.

Sur un autre mur, c'est un assassin pris de remords que l'on confronte avec le cadavre d'une femme qu'il vient d'assassiner et qui se met à genoux devant sa victime. Plus loin, enfin, des vautours se baignent dans du sang humain.

En montrant aux visiteurs ces peintures couleur locale, truands et truandes, au nombre d'une centaine, se ruent sur eux pour leur arracher quelques sous.

Lorsqu'on est au milieu de cette salle, on aperçoit, à gauche, un grand trou noir: c'est l'entrée de la chambre des morts, ainsi nommée parce que ceux qui s'y couchent, moyennant 15 centimes, y dorment dans une complète obscurité, étendus par terre avec l'attitude de gens morts. Enfin il y a un autre dortoir au premier étage de l'établissement; mais c'est le salon des richards qui peuvent payer 20 centimes pour y être admis et y dormir sans y être dérangés à chaque instant, comme en bas, de huit heures du soir jusqu'à deux heures du matin, moment du réveil.

De plus, il convient d'ajouter qu'au lieu d'être un sol humide, c'est l'ancien plancher de la chambre de la Belle Gabrielle qui les reçoit.

Pauvre Gabrielle! Si tu revenais dans ta chambre, quelle horreur serait la tienne en voyant allongés sur ton parquet ces mendiants étendus les uns sur les autres et exhalant une odeur qui contraste singulièrement avec celles qui enivraient ton royal amant!

Maison Parent

Tout près du Château-Rouge, et toujours rue Galande, cette rue qui pourrait être, à juste titre, considérée comme la Cour des Miracles de notre époque, se trouve, au n° 42, la maison Parent, débit de vins qui mérite une mention spéciale pour son dortoir de femmes.

En effet, s'il y a dans le bas de la maison une salle où l'on boit et où l'on dort pour 15 centimes jusqu'à deux heures du matin, au premier, M. Parent a aménagé deux chambres autour desquelles sont placés des bancs et des tables et qui sont destinés à recevoir, l'une des hommes, l'autre des femmes.

M. Parent, ami de la morale, n'entend pas que les sexes se mêlent chez lui; aussi garde-t-il dans sa poche la clé de la porte de communication des deux chambres.

Le dortoir des hommes renferme bien çà et là quelques jupons, mais il paraît qu'ils appartiennent à des pensionnaires de l'établissement et auxquelles on permet ainsi lit commun.

Quand je dis « lit », c'est une façon de
parler, car ce n'est que par terre que peuvent
s'étendre les hôtes de M. Parent.

Ah ! ce ne sont pas des mendiants rentiers
qui viennent lui demander l'hospitalité pour
leurs deux sous.

Tudieu ! quels costumes !

Je me souviens notamment d'un pauvre
vieux, tout courbé sous ses cheveux blancs,
dont la partie supérieure du corps n'était plus
couverte du tout.

Un pantalon déchiré que ne dissimulait pas
un paletot trop court laissait voir le côté le
plus charnu de son individu.

Et comme, étonné, je lui demandais de
quelle façon il s'y prenait pour sortir sans
être arrêté, il me montra une besace de toile
qu'il mettait autour de lui dans la rue et qui
lui faisait une tenue décente.

A chaque pas je craignais de marcher sur
un dormeur, car il fallait en enjamber pas
mal pour arriver à la chambrée des dames.

Enfin, je pus pénétrer dans le dortoir fé-
minin et examiner, à la lueur d'une bougie
allumée par le patron, ces malheureuses

étendues comme les hommes sur le plancher.

Quelle tristesse de contempler ce mélange de femmes de tous âges couchées autour de tables sur lesquelles reposaient paisiblement de toutes petites filles qui faisaient, hélas! un rude apprentissage de la vie !

Quel écœurement de voir ces déguenillées, les cheveux en désordre, les robes dégrafées et dont la plupart même n'avaient pas de chemise !

Ce qui m'a le plus étonné a été de trouver, au milieu de vieilles femmes et de mères de famille obligées de traîner derrière elles leur troupeau d'enfants, de toutes jeunes filles de dix-huit à vingt ans qui avaient l'âge et la figure qui permettent de se procurer autre chose qu'un plancher pour dormir.

Je les ai interrogées et je n'en ai rien obtenu.

Bien que vicieuses au dernier degré, elles ont avec moi joué l'innocence et fait semblant de ne pas me comprendre.

Un ami de la maison qui m'accompagnait m'a donné l'explication de leur présence chez Parent :

« C'est, m'a-t-il dit, qu'elles gobent des types qui doivent travailler en ce moment (il était une heure du matin) et qui viendront les chercher pour rigoler si le coup, ou mieux, le travail, a réussi » (*sic*).

Elles étaient pourtant jolies, ces jeunes filles, et méritaient mieux que cela; mais il paraît que la crasse et le vice sont tellement attachants, qu'on est impuissant à se défaire de leurs chaînes.

Il y a, rue Galande, trois autres maisons hospitalières du même genre et dont la description, ressemblant à peu de choses près à celle-ci, n'aurait pour effet que d'ennuyer le lecteur.

Entrons donc tout de suite au n° 40, où nous allons rencontrer une vieille connaissance des étudiants de ma génération, Mme Gay, qui vendait, en 1877, d'excellentes pommes de terre frites au quartier Latin.

Salon Gay

La maison Gay renferme un petit salon propre et coquet où se rend chaque soir le bureau du syndicat des mendiants, tout comme autrefois Mme Pierson avait préparé un petit boudoir pour y servir le roi de la Cour des Miracles et sa suite.

D'ailleurs, hâtons-nous d'ajouter que ce n'est pas seulement à Paris où l'on rencontre de ces syndicats inconnus et incroyables, et voici un fait divers trouvé dans un journal russe qui nous édifiera à ce sujet :

UN SYNDICAT DE MENDIANTS. — *Saint-Pétersbourg*, 3 décembre 1895. Les mendiants de la ville de Tioumen (gouvernement de Tobolsk) ont formé, il y a quelque temps, un syndicat dans cette ville.

Le but de ce syndicat était de retirer de la circulation les pièces de monnaie d'un copek et d'un demi-copek pour que l'aumône fût au moins de 2 copeks.

Ils ont parfaitement réussi, puisqu'on ne

trouve plus de ces petites monnaies-là dans tout le gouvernement de Tobolsk.

Ces jours-ci le syndicat des mendiants de Tioumen a acheté une maison, en bois, il est vrai, où il siégera et dirigera les « travaux » de ses membres.

Cette constatation et cette digression faites je reviens chez Mme Gay.

Nous entrons dans l'établissement précédés par l'aimable Mme Gay, qui nous fait les honneurs de chez elle.

Il est dix heures, les membres du syndicat ne sont pas encore arrivés : nous pouvons donc nous installer dans leur salon et déguster à leur place un excellent vin qui ne ressemble en rien à celui qu'on boit dans la salle d'à côté où se pressent mendiants et mendiantes.

Nous pouvons aussi admirer tout à notre aise les peintures qui charment les heures de repos de ces messieurs.

C'est d'abord un commissaire ceint de son écharpe qui arrête des loqueteux se battant à coups de couteau.

« Tiens ! m'écriai-je, c'est un syndicat moral

et honnête qui siège ici. » Mais je fus bientôt
obligé d'en rabattre, car, en face de ce
tableau qui aurait très bien trouvé sa place
dans une des salles d'attente de la Préfecture
de police, j'aperçus une peinture représentant deux femmes ensanglantées se déchirant
la figure pour les beaux yeux d'un souteneur
frisant un magnifique accroche-cœur.

Puis, d'un autre côté, je pus admirer deux
misérables assommant un homme à quelques
pas de deux gardiens de la paix fumant leur
pipe et causant de leurs petites affaires.

Enfin, pour terminer la série, on voyait sur
le mur une femme accoster un voyageur attardé et l'emmener rue Galande.

Et, à ce propos, la mère Gay nous raconta
que ce voyageur lui devait la vie.

Conduit par une demoiselle à un endroit où
l'attendaient deux de ses amis, le malheureux,
à moitié étranglé et dévalisé, allait être ache-
vé lorsque, ouvrant sa porte, l'ancienne
marchande de pommes de terre frites, l'arra-
cha à ses assassins, qui n'osèrent pas résis-
ter à la mère Gay, qu'ils connaissaient.

La brave femme nous fit bien d'autres

récits. Elle nous parla de tous les condamnés
célèbres dont les noms figuraient sur ses
livres et qui tous, affirma-t-elle, lui envoient
par petites sommes de Calédonie l'argent
qu'ils lui doivent.

Mais minuit sonnait et on annonçait l'arrivée du syndicat.

Nous prîmes congé de Mme Gay et nous nous
rendîmes chez le célèbre père Lunette, situé
à côté, rue des Anglais.

Le père Lunette

Si le père Lunette n'a pas l'honneur d'être
le cafetier du syndicat des mendiants, il n'en
a pas moins une situation exceptionnelle
parmi les teneurs de bouges fréquentés pas
les loqueteux, parce qu'il donne l'hospitalité
à l'état-major, ou mieux, à l'aristocratie de
ceux qui vivent d'aumônes.

On trouve, en effet, tous les soirs, réunis
chez lui les chanteurs des cours, les musiciens ambulants, les avaleurs d'étoupes en-
flammées, les danseuses des places et, en gé-

néral, tous ceux qui tendent la main en amu-
sant le public.

Pour rompre la monotonie de descriptions
qui, forcément, doivent se ressembler beaucoup, je vais céder la parole à un chanteur-
auteur du lieu, qui va, d'un style aussi original que peu châtié, nous faire connaître la
salle du père Lunette :

DESCRIPTION DE LA SALLE DU PÈRE LUNETTE

Oui, quelques joyeux garnements,
Battent la dèche par moments,
  Chose bien faite...
Moi, dans mes jours de pauvreté,
J'ai, dit-on, pas mal fréquenté
  « Père Lunette ».

Aussi, je viens vous conseiller,
Au risque de vous voir bâiller
  Jusqu'aux oreilles,
D'aller voir ce lieu curieux,
C'est le produit laborieux,
  De quelques veilles.

A droite, en entrant, est un banc
Où le beau sexe, en titubant,
  Souvent s'allonge.
Car le beau sexe, en cet endroit,
Adore la chopine et boit
  Comme une éponge.

A droite est un comptoir d'étain
Qu'on astique chaque matin.
C'est là qu'on verse
Les rhums, les cognacs et les marcs
A qui veut mettre trois pétards
Dans le commerce.

La salle est au fond : sur les murs,
Attendant les Salons futurs,
Plus d'une esquisse,
Plus d'un tableau riche en couleur
Se détache plein de chaleur
Et de malice.

....
....
....

Un baluchard tout désolé
Qu'un copain a dégringolé
N'a plus que fringue.
Anéanti sur le pavé,
Il ne trouve plus un linvé
Dans son morlingue.

Mais dans le métier de filou
Où la corde est bien près du cou
Tout n'est pas rose.
Au voleur pendu court et haut
Une potence sert bientôt
D'apothéose.

....

Plus loin, la maîtresse et l'amant
S'en vont tous les deux fièrement
Et haut le ventre
A la conquête de celui
Qui sera ce soir le mari,
Disons le pantre.

Un de ces rôdeurs qui, le soir,
Se glissent lorsqu'il fait bien noir
   Hors de leurs niches,
Les yeux brillants sous la Desfoux,
Tord, avec un air en dessous,
   D'énormes guiches.

Si parfois sur votre chemin
Vous rencontrez ce dogue humain,
   Soyez ingambes;
En fuyant vous serez prudents,
Car trop près de ses grosses dents,
   Gare à vos jambes!

La charmante fleur de péché
Dont le front rêveur est penché
   Sur une verte,
De ses charmes dus au pastel
Tient sur le boul'vard Saint-Michel
   Boutique ouverte.

Liqueur qui tue, amour qui perd,
Prostitution, poison vert,
   La même étreinte,
Semble vous avoir confondus,
Vous par lesquels tant sont perdus,
   Catins, absinthe.

En costume de chiffonnier,
Diogène, vieux lanternier,
   Observe et raille,
Semblant tout prêt à ramasser,
Les hontes qu'il voit s'entasser
   Sur la muraille.

. . . .
. . . .

Voici la reine des poivrots,
Buvant sans trêve ni repos,
C'est Amélie!
Jadis, cette affreuse guenon,
Était une femme, dit-on,
Jeune et jolie.

A boire! à boire! encor du vin!
Jusqu'à deux heures du matin,
La soif la ronge;
Et sous le téton aplati,
A la place du cœur parti,
Est une éponge.

Les Halles

Tous ces refuges du quartier Galande met—
tent, comme nous l'avons dit, à deux heures
du matin leurs pensionnaires dans la rue.

Les uns, c'est le petit nombre, dévalisent
quelque voyageur égaré dans ce quartier dé-
sert, d'autres se mettent en quête de promeneurs isolés auxquels ils arrachent une aumône forcée.

Mais la plus grande partie se dirige vers
les Halles, où des maisons hospitalières, iden-
tiques à celles que nous venons de voir, les

reçoivent à leur sortie des cabinets-dortoirs de la rive gauche et leur donnent aussi, moyennant 15 centimes avec une consommation, l'autorisation de dormir sur une table et au besoin la permission de s'allonger par terre.

Un de ces bouges les plus connus est installé rue Montorgueil et porte comme enseigne : *Au Saint-Esprit.*

C'est à trois heures du matin qu'il faut s'y rendre, car c'est à cette heure-là où la salle est comble et où il est vraiment curieux de regarder les tables garnies de têtes qui se touchent toutes.

Un autre établissement du même genre assez intéressant à visiter, situé rue Saint-Martin, est connu sous le nom de *Caves de l'Espérance.*

Rue Mondétour

On pourrait, en décrivant les assommoirs des Halles, publier plusieurs volumes, et il faudrait de nombreuses pages pour donner

seulement la physionomie du vieux et du nouveau Caveau ; ces caves, comme leur nom
l'indique, divisées en plusieurs compartiments
et où vient boire et chanter toutes les nuits
une bande de vagabonds.

L'établissement de la rue Mondétour méri-
terait aussi une longue étude.

Il serait curieux, en effet, de connaître
l'histoire de ce cabaret nocturne, véritable
hangar pavé comme la rue (ce qui n'a rien
d'étonnant, puisque cette boutique est une
ancienne cour sur laquelle on a tout simplement posé un vitrage) et qui est en possession
de deux comptoirs, comme si un seul n'eût
pas suffi à l'empoisonnement des malheureux
réfugiés dans cet antre.

Il est trois heures du matin quand je pénètre dans la salle des comptoirs ; il n'y a
plus une seule place libre sur le banc adossé
à la muraille et où sont assoupis une vingtaine
de loqueteux, malgré les cris et les vocifére-
tions des clients ivres.

Mais il ne faut pas trop les plaindre, car,
s'ils restent là, c'est qu'ils espèrent attraper

un verre de la générosité d'une fille ou d'un souteneur.

Les autres, les plus sobres ou les plus fatigués, se rendent par un passage étroit et humide au salon de conversation situé derrière les comptoirs, où ils trouvent des bancs pour s'asseoir, des tables pour reposer leur tête et où le bruit de la salle voisine n'arrive à eux que très amoindri.

Ce sont surtout les mendiants qui composent le personnel de ce salon de conversation, mais on y trouve aussi des chiffonniers et même des *grinches* qui, le matin venu, vont rôder près des étalages pour y ramasser quelque objet qu'on ne surveille pas de très près.

Tout ce monde-là dort, appuyé sur les tables devant des verres vides, soit étendu sur le pavé.

Le spectacle est tel que la tristesse et l'angoisse vous étreignent quand vous pénétrez dans cette arrière-boutique, et qu'on se prend à parler à voix basse comme si l'on était dans la chambre d'un mort.

Il faut entrer, la nuit, dans ces repaires de

loqueteux pour se faire une idée de ce qu'a
de triste et de navrant cette misère, quelque
coupable qu'elle puisse être, et cette situation
d'hommes réduits à l'état de l'animal le plus
immonde.

L'Hôtel Fin-de-Siècle

Triste aussi, cette maison Fradin, sur-
nommée *l'Hôtel Fin-de-Siècle*.

Fradin avait, rue de la Grande-Truanderie,
une espèce de trou où quelques vagabonds
couchaient par terre : un jour, songeant qu'il
pourrait peut-être aménager un local plus
grand où il gagnerait plus d'argent, il loua,
37, rue Saint-Denis, une maison entière se
composant d'un rez-de-chaussée, de trois
étages, de deux caves superposées et y établit
l'Hôtel Fin-de-Siècle où, moyennant 20
centimes, tout miséreux se procure une nuit
et une soupe aux choux, qui peut être rem-
placée, soit par un morceau de pain et un
peu de fromage, soit par un verre de vin, soit
par un café.

Le droit de dormir et de souper est représenté par un petit carton vert que le client remet au garçon qui lui apporte le plat ou la consommation qu'il a choisi.

Fradin a su très bien tirer parti de son immeuble, puisqu'il a trouvé moyen d'y donner asile, toutes les nuits, à plus de 1,200 pensionnaires de tous les âges, depuis seize jusqu'à soixante-dix ans. Mais cet hôtelier s'est plutôt occupé de son intérêt que des lois de l'hygiène, et l'étouffement est complet à deux heures du matin, dans tous les dortoirs de l'hôtel.

En effet, la salle du rez-de-chaussée la mieux aérée n'a, en dehors de la porte d'entrée, qu'une étroite ouverture donnant sur une courette.

Et si, au premier et au troisième étage, on a ménagé deux petites fenêtres insuffisantes, en revanche on a oublié de percer le moindre trou dans la chambre du deuxième étage.

De même, si la première cave est dotée d'un soupirail, la seconde ne prend l'air d'aucun côté.

Dans ces conditions, on juge à quel état d'abrutissement et de malaise doivent atteindre le matin, les hôtes de Fradin, surtout si l'on pense que les caves et les étages sont bondés de mendiants, que les anciens couloirs de la maison sont, eux aussi, occupés par des vagabonds, que les caveaux et les excavations où l'on ne peut pénétrer que courbé en deux sont remplis de dormeurs, et que les escaliers sont encombrés par les derniers venus.

Il faut cependant reconnaitre que les hôtes de l'Hôtel Fin-de-Siècle sont mieux chez Fradin que dans les assommoirs dont nous avons déjà parlé, et, s'il en est qui couchent là aussi par terre, ils jouissent au moins d'un silence nécessaire au repos qu'ils cherchent.

Une autre justice à rendre au propriétaire de cet asile-restaurant, c'est que, malgré l'origine douteuse des légumes avec lesquels il fait la soupe, celle-ci est très appétissante, c'est qu'aussi son vin est moins frelaté que dans les autres maisons de même acabit.

Et cependant, il y a beaucoup de coureurs de bouges qui n'ont jamais essayé d'aller dormir chez Fradin. Pourquoi ? C'est que le comptoir a tellement d'attraits qu'il n'y a que les mendiants d'une certaine catégorie qui vont frapper à des établissements comme l'Hôtel Fin-de-Siècle. Les autres ont besoin de respirer l'odeur de l'alcool, quand ils ne peuvent pas en boire.

Fradin ne reçoit que des hommes.

D'autres hôtels du même genre sont réservés exclusivement aux femmes.

Il y en a enfin qui donnent indistinctement l'hospitalité aux deux sexes.

De ces derniers est la curieuse maison de Mme Santerre sur laquelle M. Talmeyr a écrit quelques pages très curieuses que je lui demande la permission d'imprimer ici :

Madame Santerre, marchande de soupes

Nous ne connaissions pas encore cette effrayante maison du quartier Saint-Merri, et on ne s'y doutait pas d'abord de grand'chose. Une porte à carreau dépoli où soupirait une lueur pâle, une femme postée derrière pour vous y réclamer deux sous, sans doute Mme Santerre elle-même, enfin une petite salle

où des figures terreuses étaient rangées à des
tables, dans la vacillation d'un mauvais bec
de gaz, devant des soupes qui fumaient, on
ne remarquait guère que cela. Au fond, seulement, un escalier en échelle conduisait à
un étage, et là, des têtes livides, des feutres
et des barbes de pauvres se serraient aussi
devant des bols. Puis, il y avait encore un
escalier-échelle, on montait à un second
étage, ensuite à un troisième, puis à un quatrième, puis à un cinquième, puis à un
sixième, et partout, jusque sous les combles,
à des hauteurs qui n'en finissaient plus, on
revoyait les mêmes chambrées de guenilleux
et d'affamés, les mêmes tableaux de vagabonds assis là dans le même silence, sous la
même lueur affaiblie qui vacillait davantage à
mesure qu'on montait plus haut. Tous ces
mendiants, alors, vous produisaient un effet
saisissant, mais on n'était pas au bout, et
lorsque nous redescendîmes, on nous pro-
posa de visiter les caves. On nous en montra
d'abord une première, puis une seconde au-
dessous de celle-là, et nous retrouvions toujours avec stupéfaction les mêmes figures aux

mêmes tables, les unes éveillées, les autres somnolentes, mais toutes muettes comme des mannequins, quand on nous dit encore .

— Voulez-vous voir encore au-dessous?

Plus bas, en effet, il y avait un troisième sous-sol, et le son, dans ce caveau-là, ne nous arrivait plus qu'assourdi, comme il vous arrive dans les mines. Il ne contenait d'ailleurs que quatre réfugiés, un homme à une table, une femme et une petite fille à une autre, un vieux dans une encoignure, et tous dormaient, sauf le vieux, dont les yeux nous guettaient en clignotant sous son chapeau, quand l'homme se redressa, bâilla, et nous lança d'une voix de trompette, légèrement amortie par l'acoustique :

— Messieurs, je vous salue bien !

Il était complètement glabre et d'une pâleur de famine, avec un gros nez en l'air et une grosse bouche mouvementée qu'il allongeait en moue, fendait vers les oreilles, ou tordait en l'égueulant vers les coins. Nous lui souhaitons le bonsoir ; on lui demanda ensuite son métier, et il nous répondit alors d'un nouveau coup de cor de chasse :

— Artiste, messieurs, artiste... Mais pour le moment, vous le voyez, simplement artiste en purée.

Puis il se leva, se frotta les mains pour se réchauffer, et se plantant devant nous dans une pose théâtrale :

— Excusez-moi, reprit-il, si je n'ai pas la barbe fraîche, mais je ne l'avais pas ainsi quand je chantais à l'Européen... Tout s'en va, messieurs, tout s'en va ! On avait ici autrefois un barbier qui vous rasait pour un sou de plus, mais l'établissement décline, la mère Santerre périclite !... Enfin, messieurs, voilà.. La vie artistique a ses hauts et ses bas, et je suis pour l'heure dans le très bas. Quand je pense qu'il y a six mois, je logeais encore à l'hôtel Brady !... Maintenant, vous me direz peut-être que l'hôtel Brady, c'est déjà le commencement de la décadence... Sans doute, messieurs, sans doute, mais ce ne sont pas encore les premiers venus qui logent là !... Si vous connaissiez un directeur..

— Mais qu'est-ce que vous chantez ? lui demandâmes-nous.

Il nous répondit avec une solennité frémissante :

— Le comique...

Et, se mettant à fouiller fébrilement dans ses habits :

— Tenez, messieurs, tenez...

Il avait sur le corps trois ou quatre anciens paletots d'été dont les manches effrangées dépassaient les unes sous les autres au bout de ses bras, et portait là-dessous un vieux gilet de bailli ou de seigneur de café-concert, dont les basques brodées pendaient sous son ventre creux.

— Tenez, répétait-il en tirant ses chansonnettes de ses poches, tenez, tenez, vous pouvez en juger, messieurs.... Je ne me donne pas les gants de ce que je ne sais pas faire... Seulement, s'interrompit-il en changeant brusquement de ton et de figure, ce sont les droits d'auteur qui nous tuent !

Il replongea en même temps ses chansonnettes dans ses paletots, et, pendant que les yeux du vieux, dans le fond de la cave, semblaient pétiller d'un rire :

— Messieurs, le malheur me poursuit ? Oui

messieurs !... Vous voyez devant vous un
homme après qui la guigne s'acharne !... Et
si c'était encore comme du temps qu'il y avait
de la fraternité, du temps qu'on se disait :
« Mon vieux, t'as pas, moi j'ai, et ce qu'on a,
vois-tu, c'est pas pour soi to t seul. C'est
aussi pour les camarades, tiens, prends, et
quand t'auras et que j'aurai pas, tu me diras
de prendre à mon tour... » Car il a existé, ce
temps-là, messieurs, il a existé un temps
qu'on avait du cœur !... Mais aujourd'hui, au
beau jour d'aujourd'hui, vous croyez peut-
être que quelqu'un va traverser la rue pour
venir vous offrir son saint-frusquin ? Non,
messieurs, ce temps-là n'est plus ! A présent,
c'est un autre genre. Si vous avez seulement
l'air de n'avoir pas déjeuné, on regarde de
l'autre côté?... Eh bien, messieurs, je viens
vous dire : c est un tort, et c'est un tort, car
le malheur, ça arrive à tout le monde. Aujour-
d'hui c'est moi, demain c'est un autre? Et de
ceux-là dont on aurait pas pu le croire? Et
des gens que si je vous en citais... Et tenez,
moi, me voilà ici?... Eh bien, messieurs, j'ai
occupé des positions magnifiques ! Esplen-

dides, messieurs, esplendides !

Et comme la femme, à ce moment, levait la tête à sa table et que nous nous retournions pour la voir, il s'interrompit :

— C'est ma femme.

Il avait lancé ce nom énergiquement, et la femme et la petite fille se levèrent alors toutes les deux. Elles avaient l'air suppliant et souffreteux des mendiantes, habillées d'une mauvaise jupe, entortillées de loques, un fichu crasseux sur la tête. Elles ôtèrent d'abord leurs vêtements, apparurent dans des maillots, imitant les peaux tigrées qui étaient sous leur robe, étalèrent par terre un petit tapis, et la femme commença à ramper et à se tordre, à onduler des reins, à se dresser sur les mains, la tête entre les jambes, et à se disloquer de toutes les façons. La petite fille fit ensuite quelques contorsions à son tour, puis elles ramassèrent le tapis et le mari tendit la main, avec une dignité et une aisance toutes professionnelles, à ce que nous tirions de nos poches.

Puis, il continua sans souffler, en nous la montrant d'un coup d'œil :

— Et le voilà bien encore, le malheur, vous l'avez bien encore devant vous?... Savez-vous ce qui lui est arrivé?... Elle est comme moi artiste, et elle faisait la femme-serpent dans les cafés de la rive gauche... Eh bien, messieurs, depuis huit jours, on ne la laisse plus travailler, l'administration ne le permet plus, on ne veut même plus qu'elle entre dans les établissements!... Et cependant, s'écria-t-il en se remettant à fouiller dans ses paletots et dans son gilet à basques, quand je dis que c'est ma femme, c'est que c'est ma femme, et pas ma femme pour rire, pas celle que je pourrais avoir dans le vingt-cinquième arrondissement, non, non, ma femme, ma femme.

Et je peux montrer mon acte de mariage, et le voilà, et je veux que vous le lisiez... Et puis, quant au travail, vous savez... Hortense?

— Voilà, messieurs, voilà, conclut-il avec un trémolo d'émotion, voilà... Eh bien, poursuivit-il en enflant le trémolo, vous ne savez pas encore la centième partie de ce qui m'est arrivé..... Vous venez de voir ma femme, n'est-ce pas, vous la voyez..... Eh bien, mes-

sieurs, c'est la seconde..... La seconde, la
seconde, oui, messieurs !

Il ricanait aussi avec des éclats de voix
fous :

— Ah ! j'en ai eu de la veine, moi, allez,
j'en ai eu ! j'en ai eu !

Et finissant par s'étrangler dans de petits
sanglots grimaçants :

— La seconde, la seconde, oui, messieurs,
la seconde... Et savez-vous comment la première est morte ? Je m'en arracherais encore
les plumes quand j'y pense !... Elle est morte
subitement, messieurs, subitement... Elle a
été enlevée..... Je ne peux même pas vous
dire... A quatre heures, elle jouait encore à la
manille avec moi, et à cinq heures elle n'exis-
tait plus.

Le pauvre diable nous avait raconté sa vie
et tiré des papiers de ses poches toute la nuit,
mais nous remontâmes, et nous pensions,
tout en remontant, à la colonne de misère que
nous avions au-dessus de nous... Presque
tous, à présent, s'étaient endormis ; des têtes
reposaient, d'autres ballottaient, des soupirs
sortaient des bouches, des visages s'étaient

couverts de leurs chapeaux, et on entendait
les râles de certains sommeils effrayants...

— Et toi, qu'est-ce que tu fais là?

Nous avions aperçu, au milieu des dormeurs, deux yeux écarquillés dans une petite
figure, et nous avions reconnu un petit
garçon.

— Allons, réponds, pourquoi es-tu ici?

Il grattait la table de son ongle et finit par
nous dire :

— J'ai été abandonné par mes parents.

— Toi?

— Oui, m'sieu.

— C'est bien vrai? ça n'est pas toi qui les
a quittés?

— Oh! non, m'sieu, oh! non.

— Bien vrai? bien vrai?

— Oh! oui, m'sieu, oh! oui... Mon père a
été à l'hôpital, ma mère, pendant ce temps-là,
est partie avec un autre homme, alors mon
père a vu ça et i' m'a quitté à son tour.

Nous remontâmes encore et regagnâmes
enfin la porte, mais il nous fallut, en partant,
déranger un homme au passage, et il nous

sembla alors qu'il était assez bien mis, propre, et qu'il avait l'air d'un « monsieur »...

— Pardon...

Il s'empressa de se lever pour nous laisser sortir, se tourna seulement de façon à rester la figure dans l'ombre, et, sans ouvrir la bouche, nous salua très poliment.

L'hôtel ambulant

Il y a aussi, ai-je dit, des entrepreneurs de dortoirs pour femmes seules.

Un des plus connus est M. Jules, ancien porteur aux Halles.

Cet industriel opère d'une façon tout à fait économique.

Dès qu'il trouve, dans les environs du Jardin des Plantes, un hangar, un magasin en réparation ou abandonné par le locataire, il le loue immédiatement, s'engageant à l'abandonner aussitôt qu'un preneur sérieux se présentera ; puis, après avoir jonché le sol d'une épaisse couche de paille, il fait annoncer dans les milieux fréquentés par sa clientèle qu'un nouveau dortoir pour femmes vient d'être ouvert.

Les hôtes de M. Jules payent invariablement 10 centimes pour une nuit. C'est bon marché; aussi les clientes ne manquent-elles pas à notre homme, bien qu'il transporte souvent son hôtel d'une rue dans une autre.

Ainsi, hier, il était rue Censier; aujourd'hui il a sa maison rue Daubenton, demain il recevra peut-être à un kilomètre de là.

Mais si l'immeuble change, l'aspect du dortoir et des dormeuses reste le même.

Chaque fois, en effet, que je suis entré dans un des hangars improvisés en dortoirs par M. Jules, j'y ai reconnu les mêmes figures ridées et les mêmes poses de vieilles femmes écroulées les unes sur les autres.

Chaque fois, aussi, j'ai interrogé plusieurs pensionnaires, et tous mes interrogatoires m'ont prouvé que la plupart des femmes tombées devaient à elles seules leur chute, dans laquelle apparaît souvent l'influence du souteneur.

L'une, par exemple, institutrice, avait épousé un veuf chez qui elle instruisait des enfants, et s'était fait ruiner par un jeune garçon, sans position avouable, qu'elle avait aimé après le décès de son mari.

Une autre, ancienne domestique, maîtresse et héritière du patron, s'était fait croquer sa fortune par un bellâtre des boulevards extérieurs.

Une grande, à l'allure assez distinguée, me raconta de son côté qu'elle avait été rejetée par sa famille pour s'être fait enlever par un ténor de café-concert qui, à la mort de ses parents, lui avait dissipé tout ce qu'elle en avait reçu.

Cependant, j'ai trouvé quelquefois parmi ces mendiantes des malheureuses vraiment dignes de pitié. Témoin « la Folie », comme on l'appelle dans ce milieu, parce qu'elle ne parle pas, parce qu'elle ne boit pas, et parce que, traînant sa misère sans jamais se plaindre, elle montre toujours une figure impassible.

Un jour je me hasardai à lui adresser la parole. Elle me toisa d'abord longuement, puis mon aspect lui inspirant sans doute con-

fiance, elle voulut bien me résumer ses infor-
tunes.

Elle m'apprit brièvement et d'un œil sec
(elle avait tant pleuré) que son fils après
l'avoir mise sur la paille, était monté sur
l'échafaud.

C'était autrefois une petite rentière ne
sachant aucun métier et, par conséquent,
réduite aujourd'hui à tendre la main.

M. Jules trône au milieu de toutes ces victimes du vice, de la débauche ou du malheur,
mais le voilà pris lui aussi du désir des gran-
deurs.

En effet, il y a quelques semaines, il m'a
annoncé qu'il allait avoir, comme Fradin, un
hôtel à lui.

On le voit, tout se transforme et tout se
modernise, même la cour des Miracles,

La corde

Un autre dortoir pour vagabonds dont on
a beaucoup parlé il y a quelques années s'ap-
pelait « la corde. »

Dans cet établissement, situé place Maubert, on pouvait, en payant un sou, s'asseoir sur un banc et appuyer sa tête sur une grosse corde bien tendue qu'on détachait à six heures du matin.

La pioche des démolisseurs a détruit ce refuge de mendiants, qui a emporté, en disparaissant, les regrets des habitués qui trouvaient la corde plus favorable au sommeil que la table.

Et, en effet, la corde, moins dure que le bois, tient la tête moins raide et évite au dormeur des engourdissements qui sont toujours la conséquence d'un sommeil prolongé sur une table.

Un miséreux a chanté la disparition de la corde dans un poème intitulé *la Place Maubert*. Les couplets en sont d'un style risqué et cependant, je les cite tout de même afin de donner au lecteur un tableau vrai.

A LA PLACE MAUBERT

Depuis qu'on construit la rue Monge,
Je me demande à quoi l'on songe
Et à quoi que cela vous sert
De monter des statues
De démolir nos rues,
A la place Maubert ! (*bis*)

Pour trois sous, chez l' Père Lunette,
On chantait la môme Toinette,
Et puis l'on s' payait le concert
Pour trois autr's ronds au Château-Rouge:
   On ronflait dans ce vieux bouge,
     A la place Maubert ! (*bis*)

Quand on n'avait pas de marmite,
On bouffait chez l' Père La Frite,
Sur la corde on ronflait son air :
Le soir on s' payait un' pétasse,
   Un choléra sans limace,
     A la place Maubert ! (*bis*)

Aussi, vrai, là, je me demande
Quand il n'y aura plus d' ru' Galande,
Qu'on n'aura plus d'hôtel Colbert,
Où voulez-vous donc qu'ils aillent,
Les purotins qui r.....
     A la place Maubert ! (*bis*)

Le jour qu'ils refil'ront la cloche,
Ils auront tous dans la poche
A la main le surin ouvert ;
Ce jour-là, les camarluches,
   Gare aux du lacromuches
     De la place Maubert ! (*bis*)

Garnis

En dehors des assommoirs, des hôtels et des dortoirs bizarres dont nous venons de parler, il y a, pour les mendiants qui peuvent dépenser 30 centimes, 321 garnis aménagés à Paris.

Au lieu du sol ou de la table, le vagabond

11

y trouve pour se reposer un lit de camp, quelquefois une paillasse, ce qui lui permet néanmoins un repos plus complet qu'au Château-Rouge ou à l'Hôtel Fin-de-Siècle, bien que ces garnis ne soient guère confortables, car ce sont pour la plupart de véritables trous où le locataire ne peut pas se tenir debout et où l'air et la lumière font totalement défaut.

J'en ai visité quelques-uns, et après chacune de mes visites, je me suis toujours demandé à quoi servait la commission d'hygiène.

Cités et Impasses

Je me suis posé la même question en parcourant les cités et impasses de Clichy, où ont élu domicile une partie de ceux qui s'abattent, jour et nuit, sur la générosité de Paris.

Il est, en effet, difficile de comprendre que tout près de la place Wagram, à la porte d'un des quartiers les plus riches, on ait laissé subsister des bouts de rues, comme l'impasse Trubert, comme l'impasse Jemmapes, où, à côté de chiffonniers logés dans des taudis à 2 francs la semaine, on rencontre des mendiants se roulant sur de la paille au milieu d'une demi-douzaine d'enfants dans un déshabillé peu gracieux.

En général, tous ces logements entourent une petite cour où les locataires, avec des morceaux de planches ramassés un peu partout, font bouillir la soupe. Mais, si nos loqueteux n'ont pas la jouissance d'une cour, ils ne sont pas embarrassés pour cela, et ils font cuire leurs repas dans la rue; aussi, quelle que soit l'époque de l'année, cette rue est toujours pleine d'une boue grasse et nauséabonde que le plus chaud soleil n'a jamais séchée.

La classe dirigeante de ces impasses se compose des chanteurs, hercules, diseurs de bonne aventure et coureurs de foire qui, pour vingt ou trente sous par semaine, obtiennent le droit d'installer leurs voitures dans une des cours dont je viens de parler, et y séjournent pendant la morte-saison.

Comme, en visitant une de ces habitations roulantes appartenant à la directrice d'une troupe de six chanteurs, je m'étonnais de l'exiguïté du logement et surtout du lit, elle me répondit, indignée, qu'elle couchait seule depuis la mort de son mari, et que lorsque ses enfants n'avaient pas de logis, elle les autorisait, la bonne mère, à passer la nuit sous la voiture.

Je me retirai en la félicitant.

En quittant Clichy et en suivant le boulevard Victor-Hugo du côté de Saint-Ouen, on rencontre beaucoup d'autres cités de mendiants, dont la plupart ne contiennent même pas, comme les impasses que nous venons de nommer, de mauvaises maisons construites en pierres, mais dont les habitations sont de simples cabanes en planches où nos paysans ne mettraient pas leur bétail.

J'ai fait de ce côté-là, il y a quelques mois, une visite intéressante, avec un écrivain très distingué, M. Montorgueil, qui a raconté notre expédition dans l'*Éclair*.

Son récit est tellement original et en même temps si exact, que je ne résiste pas au plaisir de substituer sa bonne prose à la mienne.

« M. Georges Berry est, pour le bon motif, dit M. Montorgueil, un curieux de nos Lapins-

Blancs. Il s'est fait une spécialité des mystères de Paris, qu'il cherche à percer, par amour des pauvres diables et de leurs petits.

« Il fait la guerre aux mendiants au bénéfice des pauvres honteux et, sans fausse sensiblerie, s'efforce de ne dispenser l'argent des cœurs compatissants qu'à l'indigence qui le mérite.

« Nous devons à cette sollicitude un très remarquable travail qui vient de paraître au Conseil sur l'exploitation des enfants. C'est le fruit de longues et délicates enquêtes dans les bouges et dans les cités équivoques. Nous savons par expérience comment opère M. Berry, il nous a été donné une fois ou deux d'accompagner dans ses explorations l'édile de la Chaussée-d'Antin — plus souvent à Saint-Ouen ou à Belleville qu'en son élégant quartier. »

Tableaux de misère

« Nous avons vu des tableaux poignants et, certes, plus de misères que de vices. Il paraît qu'il faut une certaine application pour distinguer sous cette crasse de pauvreté l'infamie de certaines gens et de certaines choses. Serait-ce pourquoi nous sommes sortis de cet enfer plus émus qu'indignés? M. Georges Berry était moins facile à apitoyer. En telle femme qui nous venait voir, geignarde, sa nichée aux jupes, il devinait la mère sans scrupule, faisant argent de sa progéniture. « Nous n'avons vu que ses larmes, entendu que ses plaintes : à quoi avez-vous vu son infamie? » Et l'explorateur sagace nous disait : « N'avez-vous point remarqué la cadette? Les cheveux trop pommadés, les yeux déjà bistrés par le cold et les fatigues excessives, avec des boucles d'oreilles clinquantes, de fausses bagues et des rubans trop voyants. Toute sa gracile personne éveillée et souffreteuse trahit la petite marchande qui vend des bouquets le soir et ne s'en tient pas là. Or, c'est la mère qui lui a enseigné l'état, cette *Mater dolorosa* de contrebande.

« Dans un campement de chiffonniers nous entrons, et aussitôt on nous entoure; les enfants attendent des sous, les parents des secours, à la fois chacun nous expose sa détresse. « Entrez chez nous », nous dit une belle grande fille, vêtue d'un caraco d'étoffe mince qui se tend sur une gorge rigide qu'elle présente avec un orgueil légitime peut-être, mais tout de même inquiétant. On la suit, on entre. Sur un grabat, décharné, jaune, la mort logée dans les cavités de l'orbite et le creux des joues, un vieux travailleur agonise. Cette misère pour le coup n'est pas simulée : ce malade n'est point un faux malade, c'est incontestable, mais il fait recette, la miséricorde qu'il inspire s'ajoute aux revenus, et on le refuse à l'hôpital qui le prendrait.

« Et cette aveugle à la charge de ces malheureux? Cette aveugle a vingt sous par jour de l'Assistance publique ; c'est une rente pour la maison. On pourrait la placer, mais, pour ce qu'on lui donne à manger, il y a bénéfice à la garder, et on la garde.

Paul et Virginie

« Ailleurs, nous entrons dans une cité qu'il est inutile de désigner clairement. Nous visi-

tons un intérieur d'une propreté absolue.
L'homme est jeune et vigoureux, c'est un por-
tefaix; sa compagne est gentillette; leur logis
est d'un blanc lilial. C'est ici la maison de
Jenny l'ouvrière mariée. Jenny glisse de notre
côté des yeux timides en repassant un jupon
blanc.

On chanterait la romance : « Salut,
demeure chaste et pure! » Le conseiller a pris
des informations. Ce jupon, repassé le jour,
servira au travail du soir; son blanc agui-
chera des messieurs d'âge respectable. Ils
s'approcheront, ne seront point repoussés et
le jeune mari, de loin, suivra ce manège, en-
chanté si le vieillard a l'aspect cossu.

« A la vérité, ceux-là dont l'abjection même
n'est pas sans excuse, — la pauvreté, dit
Champfort, met le vice au rabais, — sont une
exception. Ces colonies de pauvres êtres donnent la consolation d'une somme de vertu
qui résiste aux coups cruels du destin. Dans
une cité que la peur du choléra a fait détruire,
la concierge disait qu'elle n'eut jamais qu'un
locataire exécrable. Il vendait ses filles et bu-
vait avec le produit de la vente. On l'eût ex-

pulsé *manu militari*, mais on n'aime point
mettre la police dans ses affaires : on se borna
à faire des trous au plafond par lesquels on
coula de l'eau, et l'ivrogne, pour éviter d'être
noyé, n'eut qu'à décamper au plus vite.

Le massacre des Innocents

« On ne se fait pas une idée de la misère
dans ces réduits. Nous voyons une bonne
femme serrant sur ses haillons un enfant
demi-nu. « C'est mon quatorzième », dit-elle.
« Quatorze enfants à élever, comment faites-
vous? »

« Elle nous répond : « Les treize autres sont
morts. »

« C'est la loi commune. Il en coûte peu à ces
gueux d'enfanter; la misère les allège, et ils
sont si bien accoutumés à ce massacre des
innocents que devant les petits cercueils leurs
yeux restent secs.

« Songez donc à leurs gains; ils sont déri-
soires. Six ou sept sous par jour, le loyer

payé. A ce prix-là, dans l'immonde taudis, sans fenêtre, où nous sommes entrés, vivent Philémon et Baucis ; deux bons vieux, épicuriens à leur manière, doux aux bêtes, dont deux chats intelligents sont toute la famille. Ils ont leur fierté : comme ils sont mariés en légitime noce, c'est de le dire. L'acte précieux qui leconstate est glissé entre les deux matelas. C'est à peu près toute leur fortune dans cette cellule, qui serait sans ornement, si un fragment de glace brisée ne le décorait.

L'épicurienne

« Un logement sans fenêtre, ce n'est pas un paradoxe ; nous en avons vu plusieurs, inspirés de l'architecture de la cabane à lapins. On en ouvre une, et sur un tas de chiffons une femme est accroupie : c'est la locataire. On dirait la Sachette du Trou-aux-rats. Elle est gaillarde, rit de bon cœur, parle du mauvais état des affaires — le chiffon ne vaut plus rien — et ajoute en clignant de l'œil vers le

prêtre qui nous accompagne qu'heureusement
Dieu a fait de bonnes choses et que tout ancienne qu'on soit on n'en est pas privée.

« Et nous en rapportons cette impression,
ayant vu cette marmaille et entendu ces gais
propos, que des puissances de ce monde, c'est
encore l'amour qui fait à ces pauvres gens la
plus large aumône. »

Ponts. — Fours à chaux. — Refuges de nuit.

Tous les lieux de rendez-vous des mendiants que nous avons jusqu'ici passés en
revue ne sont fréquentés que par ceux qui ont
quelques sous dans la poche ; cependant il en
est qui ne possèdent rien et qui doivent tout
de même trouver à coucher.

Ceux-là, nous les rencontrons, l'hiver, sous
les ponts, sur les fours à chaux et dans les
refuges municipaux ou privés.

Par les nuits de la mauvaise saison, un
grand nombre de vagabonds se réunissent

sous les arches des ponts, se mettant autant
que possible à l'abri des courants d'air.

Et alors on peut voir hommes et femmes se
serrer, sans la moindre pudeur, les uns contre
les autres, pour conjurer le froid, et ne s'inquiétant pas assez de la propreté de leurs
voisins ou voisines, dont ils conservent souvent un cuisant souvenir.

Je l'ai constaté, un matin, que, me trouvant dans un asile-ouvroir, je vis se présenter
une jeune femme qui déclara avoir couché
trois nuits sous un pont en nombreuse compagnie, et qui montra sur sa peau une couche
de vermine tellement épaisse que le surveil-
lant fut obligé de se servir d'une palette en
bois préparée à cet effet pour débarrasser la
malheureuse de sa saleté.

Les plus intelligents dédaignent les ponts
pour se rendre aux fours à chaux, qui semblent plus confortables.

En effet, ces fours, situés rue de Bagnolet,
sont chauffés toute la journée. Aussi, quand
le soir, les malheureux viennent y chercher
asile, s'ils sont exposés à des courants d'air
dangereux, en revanche ils s'endorment, les

membres engourdis par une douce chaleur. On peut croire que par les temps froids il y a foule sur les fours à chaux de la rue de Bagnolet, d'autant plus qu'en échange d'une bonne nuit, on impose à ces vagabonds la seule corvée d'apporter quinze fagots du bûcher aux fours.

Mais ce qu'il y a encore de plus recherché par les sans-asiles, ce sont les refuges de nuit où les malheureux trouvent gratuitement une bonne soupe et un bon lit.

Il en existe aujourd'hui à Paris neuf, tant pour hommes que pour femmes, créés soit par l'association de l'Œuvre de l'hospitalité de nuit, soit par la Ville de Paris.

Ces établissements, organisés dans le but de rendre service aux ouvriers sans travail, sont surtout fréquentés par les malfaiteurs, les paresseux et les mendiants professionnels, qui, très au courant des heures d'admission, savent faire à temps la queue aux portes de l'asile pour en éloigner les nécessiteux.

Seulement, ce qui les navre, c'est qu'ils n'ont droit qu'à trois nuits tous les trois mois, soit dans les refuges municipaux, soit dans les refuges de l'Hospitalité de nuit, et qu'ils ont ainsi bien peu souvent l'occasion d'échapper aux ponts et aux fours à chaux.

Bancs, Fortifications

L'été, ponts, fours à chaux et même asiles de nuit sont abandonnés par les mendiants, qui se rendent en masse aux fortifications, s'arrêtant cependant quelquefois sur les bancs qn'ils rencontrent, lorsqu'ils sont trop fatigués.

On peut dire que les fortifications sont le palais d'été des mendiants, qui, dès neuf heures du soir, pendant la belle saison, se dirigent en bandes vers les différentes portes de Paris, regagnant chacun l'endroit où il a l'habitude de camper.

Les hommes ne quittent presque jamais leur campement ; les femmes seules changent parfois de douars.

Quand on a vu cette foule de dormeurs envahir les fortifications, on se demande où

iront tous ces vagabonds le jour où tombe-
ront ces fortifications ; et on prend peur pour
nos squares et promenades qui commencent
déjà d'ailleurs à recevoir fréquemment la
visite des loqueteux.

Il y a même des squares où l'on remarque
depuis quelque temps la présence continuelle
de certains mendiants, dormant ou faisant
semblant de dormir, mais surtout s'y défai-
sant de leur vermine et éloignant ainsi de ces
jardins les promeneurs et les enfants.

CHAPITRE IX

RESTAURANTS DES MENDIANTS

Si les vagabonds ont leurs dortoirs, ils ont aussi leurs restaurants, dont je veux dire un mot avant de terminer cet aperçu sur les lieux de rendez-vous des mendiants.

Il y a de ces restaurants pour toutes les bourses. De plus, s'il y a beaucoup d'endroits où les miséreux mangent en payant, il y en a même d'autres où ils mangent sans rien débourser.

Parmi les restaurants payants, les plus chers exigent 20 sous pour un repas, mais ceux-là sont situés place de la Madeleine et dans les quartiers riches où le passant n'ose pas ne donner qu'un sou à celui qui lui tend la main. Dans d'autres restaurants, on ne paye que 25 centimes, comme rue Maître-

Albert, où pour 5 sous on mange copieuse-
ment avec le menu suivant :

Un verre de bière..... 0.05
Une soupe............. 0.05
Une portion 0.10
Un morceau de pain.. 0.05

Enfin, autour des marchés de Paris et notamment au marché des Carmes, place Maubert, les mendiants se procurent pour dix
centimes une bonne soupe bien chaude.

Mais, comme nous l'avons dit, nos truands
peuvent manger sans payer.

Pour cela, ils n'ont qu'à se présenter à
certaines heures aux portes des casernes et
de certains hôpitaux, où ils reçoivent les res-
tants de soupe laissés par les soldats et les
malades.

Enfin, ce sont aussi les grands restaurants,
surtout ceux qui sont connus pour faire les
repas de noce, qui leur donnent à manger, et
devant lesquels, à toute heure du jour et de
la nuit, monte la garde une armée de mendiants professionnels.

CHAPITRE X

RÉPRESSION

Est-il possible de disperser cette armée ? Est-il possible de faire disparaître de chez nous cette mendicité professionnelle, si préjudiciable aux intérêts des vrais indigents et qui a pour résultat d'atrophier de pauvres hères qui auraient pu être de bons ouvriers et de bons citoyens ?

Assurément oui.

Cherchons la cause du mal, et il nous sera facile ensuite de trouver le remède.

La cause du mal, nous l'avons indiquée en commençant, c'est la paresse, seule, qui engendre le mendiant. Que ce vice vienne de naissance, qu'il soit le résultat de malheurs inattendus ou de funestes fréquentations, il n'en est pas moins vrai que, pour combattre la mendicité professionnelle, il faut combattre

la paresse et, par conséquent, remettre au
travail les vagabonds qui trouvent plus commode de tendre la main que de se livrer au
travail. Et pour cela il est nécessaire de changer la législation.

Que se passe-t-il en effet, avec la loi
actuelle?

Lorsqu'on arrête un mendiant, il est traduit
devant le tribunal correctionnel qui le con-
damne à quelques mois de prison, pendant
lesquels, bien chauffé et bien nourri, il attend
sa libération dans une inaction complète.

Le condamné récidiviste, qui n'a plus à re-
douter aucune blessure d'honneur, passe son
temps le plus agréablement du monde en se
livrant au *farniente* rêvé.

L'autre, le vagabond frappé pour la première fois, perd ses habitudes laborieuses, et
sort de la prison rivé à un casier judiciaire
qui le force à devenir un mendiant professionnel, s'il ne veut pas mourir de faim.

Donc supprimer aux mendiants condamnés
le casier judiciaire qui jette hors des ateliers
les plus courageux et les plus décidés à se relever, et changer pour eux la prison en un

chantier de travail, où les plus réfractaires à
l'ouvrage seront contraints de devenir des
travailleurs : telles sont les réformes qu'il nous
faut demander aux lois pour pouvoir entreprendre utilement l'œuvre de la suppression
de la mendicité professionnelle.

Laissons la prison à ceux qui se révoltent
contre les lois, aux délinquants et aux crimi-
nels, et créons pour ceux qui s'adressent à la
charité publique des colonies d'internement
où ils travailleront pendant un temps plus ou
moins long, suivant qu'ils seront plus ou
moins récidivistes.

Et surtout confions au juge de paix, au
juge conciliateur, au juge dont les décisions
ne seront pas marquées sur le casier judiciaire, le soin de distribuer sans bruit, et en
père de famille, les mois de travail qu'il croira
nécessaires pour la guérison du malade qu'on
lui amènera.

Ce sera là le seul moyen de réprimer la
mendicité professionnelle, sans s'exposer à
user quelquefois envers certains pauvres d'une
rigueur injustifiée, et sans flétrir pour toujours l'indigent qui, atteint par un malheur

passager, a été entraîné, pendant quelques instants, hors du chemin de l'honneur, mais qui ne demande qu'à redevenir un honnête homme.

Le travail pour tous, la flétrissure pour aucun, telle est la base sur laquelle doit reposer la loi contre la mendicité et le vagabondage.

D'ailleurs, en faisant ainsi, nos législateurs ne seront pas les premiers à entrer dans la voie d'un progrès qui s'impose ; en effet, le Parlement belge a voté, l'année dernière, une loi analogue à celle que je demande, et en lui soumettant l'exposé des motifs le ministre de la justice, M. Lejeune, déclarait : « Que s'il fallait punir sévèrement les malfaiteurs, il fallait chercher, au contraire, à relever ceux que des circonstances accidentelles et souvent indépendantes de leur volonté ont éloignés du travail. »

Et la loi a pu être appliquée immédiatement, car la Belgique possédait depuis longtemps une immense colonie de travail où l'on envoyait déjà des mendiants condamnés à leur sortie de prison,

Colonie belge

Cette colonie comprend trois vastes domaines qui ont pour noms Merxplas, Wortel
et Hoogstraten et où peuvent travailler plus
de 5,000 vagabonds.

A Merxplas sont envoyés aujourd'hui les
mendiants professionnels auxquels le juge de
paix peut infliger jusqu'à sept années d'internement et de travail.

Wortel et Hoogstraten reçoivent, au contraire, les mendiants qui n'ont pas l'habitude
de tendre la main, et qui ne peuvent être re-
tenus plus d'un an dans la colonie.

Merxplas

Ce domaine, le plus vaste des trois, peut
loger jusqu'à 4,000 internés.

Il est organisé de façon à préserver ses
pensionnaires de la contagion, cette plaie si
redoutable dans les agglomérations de ce

genre; en effet, les travailleurs de Merxplas
sont distribués dans six sections différentes
qui n'ont aucune communication entre elles.

La première comprend les souteneurs, les
immoraux, les incendiaires.

La seconde est affectée aux mendiants devant subir plus de trois ans d'internement, et
la troisième à ceux qui, au contraire, ont été
condamnés à moins de trois ans.

Dans la quatrième sont les jeunes gens.

La cinquième renferme les invalides capa-
bles cependant d'un travail quelconque.

Enfin la sixième section, appelée section de
récompense pour les condamnés amendés,
constitue pour eux un espoir de libération
anticipée et un droit à une alimentation meilleure.

Si le passage dans cette dernière section
constitue seul une amélioration dans le traitement, la faveur de passer d'une section
dans une autre moins mauvaise apporte toujours à celui qui en est l'objet une augmenta-
tion du salaire quotidien.

Ainsi, tandis que les internés de la première
section ne gagnent que 12 centimes par jour,

ceux de la troisième, par exemple, touchent 18 centimes.

Et c'est même là une récompense dont les effets sont immédiats, car, si une partie du salaire n'est remise au mendiant qu'à sa sortie de la maison, cependant il peut dépenser, tous les jours, à la cantine, le tiers de ce qui lui est alloué pour son travail.

Car tout le monde travaille à Merxplas, soit dans les champs du domaine, soit dans les nombreux ateliers organisés spécialement pour certaines classes d'ouvriers.

Celui qui refuse de se conformer à cette règle est vite ramené à de bons sentiments, grâce au cachot où il ne reçoit pour toute nourriture que du pain et où il ne boit que de l'eau, jusqu'à ce qu'il se soit décidé, ce qui arrive toujours vite, à se mettre à l'ouvrage.

La même punition frappe les évadés.

Wortel et Hoogstraten

Les pensionnaires de ces deux domaines, connus sous le nom général de Maison du

refuge, sont assimilés pour le travail à ceux
de Merxplas, bien qu'ils soient plutôt consi-
dérés comme des malheureux que comme des
coupables.

Il y a cependant quelques différences à
signaler dans la façon dont sont traitées les
deux catégories d'internés.

Ainsi à Wortel et à Hoogstraten la nourriture est mieux préparée qu'à Merxplas, et
l'eau s'y change en bière.

De plus, un comité de patronage fait tous
ses efforts pour placer, le plus tôt possible, et
même avant la fin de leur année d'internement, les miséreux envoyés à la Maison de
refuge.

Mais où ces mendiants sont soutraits au
traitement commun, c'est par leur division en
sections qui séparent le jeune homme de
l'homme mûr, et le bon travailleur de celui
qui est moins docile et plus paresseux.

Ajoutons que Wortel et Hoogstraten
peuvent recevoir 2.500 pensionnaires.

Bruges

Enfin, pour appliquer la loi tout entière, il a fallu songer aussi aux femmes mendiantes et vagabondes ; et pour elles on a aménagé, dans la ville de Bruges, une ancienne prison où a été créée une Maison de répression pour mendiantes professionnelles et une Maison de refuge pour mendiantes d'occasion.

Cet établissement est dirigé par dix-sept religieuses qui surveillent 2.500 pensionnaires ; elles sont seulement aidées dans leur tâche par un comité de dames patronnesses chargé de trouver des places aux pensionnaires de la Maison de refuge, où chacune d'elles travaille comme à la Maison de répression.

Le travail de tout le personnel consiste surtout à faire de la dentelle, que l'administration vend à un industriel et à coudre des gants commandés par un commerçant de la ville.

Cependant certaines recluses sont occupées pour les besoins de leurs codétenues à laver

du linge, à tricoter des bas et à fabriquer des
vêtements.

Mais, quel que soit leur genre d'occupation,
toutes ces femmes gagnent une somme de
3 francs, par mois, avec faculté de dépenser
1 franc à la cantine.

Enfin il est bien entendu qu'en cas de rébel-
lion et de refus de travailler on emploie à
Bruges les mêmes moyens de coercition qu'à
Merxplas et à Wortel.

Colonie d'internement hollandaise

Mais la Belgique n'a pas seule l'honneur de
posséder une semblable législation ; la Hollande, elle-même, qu'on a tort de considérer
souvent comme une nation qui ne progresse
pas, applique depuis de longues années ces
principes, et a créé pour cela la colonie de
Veenhuysen, où je vous demande la permission de vous conduire.

La colonie de Weenhuysen, colonie de
répression hollandaise pour mendiants et
vagabonds, se trouve à quelques lieues d'As-

sen, capitale de la province de Drenthe. Elle contient plus de 2,000 hectares, et est divisée en sept fermes.

Le gouvernement y envoie, par l'intermédiaire du juge de paix ou du commissaire de police, les mendiants pris en flagrant délit et les vagabonds réduits à la vie errante par le chômage et la misère et qui viennent d'eux-mêmes demander leur internement.

J'ai entendu prétendre par des hommes politiques hollandais que cet internement, allant quelquefois jusqu'à quatre ou cinq ans, était d'une durée exagérée. Mais qu'importe le temps de l'internement, alors que l'interné peut sortir sans être flétri par un casier judiciaire, et trouver de l'ouvrage dans les chantiers ou ateliers auxquels il se présente? Ce qui lui est d'autant plus facile qu'il ne cesse jamais de travailler pendant la durée de sa peine, et que même si, au moment où il a été arrêté, il ne connaissait aucun métier, un apprentissage forcé le rend à la société, apte à gagner sa vie.

C'est que ce nombreux personnel réparti dans les différentes fermes et les différents services de la colonie est forcé de subvenir aux besoins communs! c'est que chacun doit s'y employer dans l'intérêt général. Et cela est si bien compris que j'ai vu à Weenhuisen des manchots eux-mêmes se rendre utiles en tournant avec leurs pieds la roue d'une machine servant à dévider de la laine, ou à broyer dn grain.

Cette colonie est un véritable Etat dont les sujets vivent dans la plus parfaite collectivité.

Suivant leurs aptitudes, les uns sont bouchers, le plus grand nombre cnltivateurs. Il y a aussi les cordonniers, les chemisiers, les tailleurs, les filateurs, les matelassiers, les bûcherons, les charretiers, les bateliers, les bouviers, en un mot, des ouvriers de tous les états qu'exige la vie humaine.

Entre-t-on dans la division où le charbon flamboie dans le foyer de huit forges, on y voit ici des forgerons, là des chaudronniers ; au fond des ferblantiers battant le fer avec entrain.

Se dirige-t-on vers le quartier du bois, on a devant soi les charpentiers qui réparent et

construisent des bateaux, à côté d'une dou-
zaine de sabotiers toujours occupés.

La menuiserie et l'ébénisterie y sont fort
prisées, et confiées à des travailleurs qui
deviennent quelquefois des artistes.

Tous ces travaux sont commandés pour les
besoins de la colonie, rien n'en sort et personne n'y fait concurrence à l'industrie privée.

Les colons consomment le pain provenant
de leurs récoltes, la viande de leurs animaux.
Ils portent le vêtement, le linge, les chaussures, les bas tissés ou fabriqués avec les
produits de la ferme.

C'est la ferme, la seule ferme peut-être, qui
se suffise à elle-même, et dont l'État hollandais doit être justement fier, puisqu'il n'a pas
besoin de demander pour Weenhuisen l'ins-
cription du moindre crédit à son budget.

Quand donc en sera-t-il ainsi pour nos maisons de répression ?

Et quand donc surtout appliquera-t-on à
nos mendiants le régime moralisateur de
Belgique et de Hollande ?

Alors que, chez nous, ces malheureux sont

enfermés avec des voleurs et des délinquants
de toute sorte, se corrompant davantage au
contact de leurs compagnons de prison, là-
bas, les internés réunis entre eux, vagabonds
et mendiants vivent au grand air, séparés
avec soin des autres condamnés pour délits
de droits commun et jouissant d'une grande
liberté.

En effet, ils exploitent les sept fermes de la
colonie et, selon les exigences de l'une ou de
l'autre, vont, sans surveillance apparente,
prendre le poste qui leur est assigné.

J'en ai rencontré sur les chemins de cette
propriété qui conduisaient des tombereaux,
qui menaient des charrues attelées, loin du
poste de police et de l'œil des gardiens, et ne
songeaient même pas, une seule minute, à se
servir des chevaux laissés à leur disposition
pour prendre la fuite.

Comme je m'étonnais que les tentatives
d'évasion fussent si peu fréquentes dans de
pareilles conditions, le directeur voulut bien
m'en donner les raisons.

« D'abord, me dit-il, mes internés songent
rarement à s'en aller, parce que, ne pouvant

avoir que quelques centimes dans leur fuite,
ils savent qu'il faudra se remettre immédiatement à mendier, et qu'ils seront vite repris.

« De plus, ajouta-t-il, nos pensionnaires
reçoivent chaque jour une partie de leur salaire qu'il leur est loisible de dépenser dans
les cabarets de la colonie, cabarets où on ne
débite que de la bière et du café; or, s'ils ten-
tent de s'évader, ils sont enfermés dans une
cellule et privés, en même temps que de
viande, de leur visite quotidienne au cabaret;
et vous ne pouvez pas vous imaginer, m'af-
firma-t-il, combien pour eux cette privation
est pénible. Aussi, pour l'éviter, cherchent-ils
rarement à s'enfuir et travaillent-ils sans mur-
murer, le refus d'accomplir leur tâche entraî-
nant les mêmes peines que l'évasion. »

Ces colonies d'internement ont été une
merveilleuse innovation, et c'est assurément
un immense progrès obtenu par la Hollande,
d'être arrivée à débarrasser les rues de ses
villes des nombreux mendiants qui les encom-
braient autrefois et d'avoir pu, en outre, mo-
raliser ses vagabonds par un travail qu'ils ont
accepté.

CHPITRE XI

PRÉSERVATION

Si la colonie de répression est de première utilité pour la disparition de la mendicité par le relèvement du mendiant, il est nécessaire de créer à côté la colonie de préservation dans le but de recevoir les ouvriers sans travail qui ne sont pas encore tombés, mais qui, sur le point de descendre dans la rue, sont encore les plus intéressants, eux que l'adversité n'a pas tout à fait terrassés.

En effet, si l'on doit essayer de relever, par force, le miséreux démoralisé, on doit à plus forte raison donner à celui qui lutte les facilités de ne pas perdre la place qu'il occupe dans la société.

Mais il ne faut pas surtout que ces institutions de bienfaisance, que ces colonies de travail destinées à empêcher la chute des sansouvrage gardent longtemps les indigents qu'elles secourent, car alors elles iraient contre le but qu'on se propose par leur création, en favorisant la paresse de ceux qu'elles doivent préparer à une nouvelle lutte pour la vie.

De plus, en prolongeant dans les asiles le séjour des premiers occupants, les places y deviendraient très rares et trop peu de malheureux pourraient y être admis.

La Hollande qui, la première, là encore, a eu l'idée de ces institutions de préservation, garde les colons jusqu'à leur mort, ce qui empêche aujourd'hui ses colonies de rendre le moindre service.

Dans cet ordre d'idées, la seule colonie utile est la colonie de roulement qui rend le plus tôt possible à la société, après leur avoir redonné du goût au travail, les ouvriers tombés dans la misère, découragés par le malheur, égarés par le besoin.

C'est suivant ces principes que, sur ma proposition, le Conseil municipal de Paris a créé dans la Marne une colonie agricole de préservation qui a produit les meilleurs résultats et grâce à laquelle on a pu secourir utilement bien des dévoyés.

C'est encore en suivant les mêmes principes de l'assistance par le travail que la charité privée a ouvert des ateliers, des chantiers, des domaines où ont été reçus momentanément et sauvés ainsi du vagabondage de braves travailleurs qui, d'abord occupés à un travail accessible à tous, n'ont pas tardé à retrouver bientôt un poste en rapport avec leurs aptitudes personnelles.

Mais, malgré des efforts et des sacrifices incessants, ce ne sont que quelques centaines de sauvetages qu'on opère par an, tandis que ce sont des milliers qu'il faudrait obtenir.

C'est pourquoi il serait nécessaire que chaque petite ville s'imposât un léger sacrifice, afin d'installer soit un établissement agricole, soit un établissement industriel capable de donner du travail aux malheureux.

Car ce qu'il faut, ce ne sont pas de grandes constructions ni d'immenses ateliers, mais des colonies assez nombreuses pour que les pauvres gens sans ressources et désireux de ravailler sachent où aller frapper afin de se sauver de la misère qui les étreint et les conseille mal.

Comprise de cette façon, la création de colonies de préservation deviendra utile et peu coûteuse.

Utile, parce qu'elle permettra à ceux que poursuit un sort contraire de trouver immédiatement un lieu d'asile.

Peu coûteuse, parce que, n'ayant besoin que d'un nombre restreint de places, les communes trouveront toujours des bâtiments inoccupés ou des terrains communaux improductifs pour organiser soit un atelier, soit une colonie agricole.

Et ainsi, avec ces deux créations philanthropiques, l'une destinée à forcer le miséreux à travailler et à se relever malgré lui, l'autre ouverte à tous les désespérés qui cherchent à fuir le vagabondage, la mendicité professionnelle sera sûrement combattue et appelée à disparaître dans un temps éloigné.

Ayant, en effet, des établissements assez nombreux pour recevoir, de gré ou de force, tous les mendiants, l'Etat n'aura plus le droit

de fermer les yeux quand il se trouvera en
présence d'un individu tendant la main. Il
pourra satisfaire aux lois sans violer les droits
du malheur ; il pourra faire respecter ce prin-
cipe de toute société bien constituée, « que
l'homme valide doit travailler pour vivre »,
et, rendant à la vie active de nouveaux bras
et de nouvelles intelligences, il procurera aux
mendiants une vie plus heureuse et plus tran-
quille, il débarrassera le public d'exploiteurs
qui le fatiguent, et augmentera pour la nation
e nombre des citoyens utiles.

———————

CONCLUSION

Mais comment arriver à ce résultat? Par quels moyens obtenir .et des colonies de répression et des ateliers de préservation?

Les premiers doivent être demandés à l'État et c'est là le difficile, non pas de les lui demander, mais de les obtenir; car chaque fois qu'on parle d'innovation, le gouvernement, quel qu'il soit, vous répond invariablement: « Je n'ai pas d'argent ».

Cependant nous devons être un peu encouragés dans notre demande par ce fait que ce n'est pas une charge nouvelle que nous proposons, mais une économie que nous voulons faire réaliser.

Et cela n'est pas douteux, puisque la suppression de la mendicité et, par conséquent, des mendiants, réduira au moins de cinquante pour cent le nombre des pensionnaires de nos prisons, et que l'Assistance Publique se trouvera allégée, d'autant plus qu'il n'y a presque exclusivement que les mendiants professionnels qui profitent de ses revenus.

Un exemple venant de l'étranger confirme, d'ailleurs, ces prévisions.

La nouvelle loi Belge, internant tous les mendiants dans une colonie agricole, a fait bénéficier annuellement le budget des prisons d'une économie de huit cent mille francs, et celui de l'Assistance Publique d'une économie de trois cent mille francs.

Or, comme l'annuité destinée à subvenir aux nécessités des colons de Merxplas, Hoogstraten et Wortel, et à rembourser le capital initial, est de neuf cent quatre-vingt mille fr., on voit que le budget de l'État belge a deux cent mille francs disponibles, deux cent mille francs qu'il doit à la répression de la mendicité.

Les Chambres, les journaux, le public même, induit en erreur, ont blâmé en Belgique, pendant un certain temps, le Ministère

Lejeune qui avait eu l'audace de changer
ainsi tout d'un coup les habitudes législatives,
mais aujourd'hui ce sont des actions de grâce
qui lui viennent de partout.

Il ne s'agit ici, comme là-bas, que d'un bon
mouvement du gouvernement, que d'un ministre intelligent.

Je sais bien que Dupuy, s'inspirant de nos
études, a ordonné des mesures sévères contre
les chemineux et les roulottes des bohémiens.

Je sais bien que le Préfet de police a in-
terdit, ou plutôt a tenté d'interdire la pro-
gression des diseuses de bonne aventure des
fêtes foraines, et a donné des ordres sévères
contre les entresorts.

Mais ce ne sont là que des demi-mesures
qui n'apportent aucun changement, aucune
amélioration véritable à la situation actuelle.

Le Parlement a voté, et qui mieux est, les
pouvoirs publics sont parvenus à faire appliquer une loi sur la médecine légale.

Quelque intéressante que soit cette loi,
elle aurait dû ne venir qu'après celle qui aurait eu pour but de guérir cette maladie dont
sont atteints des milliers de nos concitoyens,

et qui a nom la mendicité, et de créer pour cela des colonies d'internement dans les différentes régions de la France.

Je suis reconnaissant des quelques arrêtés arrachés à l'administration; c'est un commencement de bon vouloir, mais ce n'est pas suffisant : il faut une loi, et cette loi, certes, elle devrait être faite depuis longtemps, si les ministères qui se sont succédés depuis deux ans au pouvoir étaient moins des ministères de réformes que des coteries politiques, des ministères de combat.

On parle beaucoup de lois sociales possibles et impossibles, mais aucune, quelque petite soit-elle, n'a encore vu le jour.

Parler, c'est bien ; agir vaudrait mieux ; et malheureusement, au Parlement, lorsqu'on parle d'agir, c'est encore une vaine parole qu'on fait entendre.

A côté de la répression, ou même avant la répression, il faut songer à la préservation ; il faut fonder des ateliers de préservation : là, ce n'est plus au gouvernement que je m'adresse, l'initiative de la préservation appar-

tenant tout entière aux efforts individuels, et
alors, m'adressant à eux, je leur dis :

« Vous avez organisé des comités puis-
sants et nombreux pour sauver l'enfance coupable. Les mendiants ne sont-ils pas, pour la
plupart, de grands enfants inconscients qu'il
faut arracher au vice et au crime ?

« Vous avez créé, sur tout le territoire de
la France, des groupements qui recueillent
l'orphelin. Pourquoi ne pas songer de même
à recueillir dans des maisons spéciales les ouvriers sans travail et sans ressources qui se
laissent glisser doucement vers la mendicité
professionnelle.

« A côté des hôpitaux pour soigner le
corps, établissez d'autres hôpitaux tout aussi
nécessaires qui seront chargés de guérir le
moral. »

Que de nouveaux bienfaiteurs de l'huma-
nité se mettent à la tête de cette grande
œuvre de préservation sociale, fassent appel
à la bonne volonté des plus modestes adhé-
rents; qu'ils mettent en mouvement tous les
esprits charitables, et ils sont nombreux chez
nous, et qu'ils fassent sortir de leurs travaux,

de leurs efforts, une vaste union recueillant
l es déshérités sur le bord du fossé, et les ar-
rachant à la mendicité pour les rendre à la
société, qui les accueillera avec joie.

Ainsi tous, monde officiel et monde charitable, se donneront la main pour extirper de
France ce cancer qui la ronge, et dont les ra-
cines l'envahissent de plus en plus.

Les mendiants, en effet, augmentent tous
les jours en nombre et en hardiesse, et il est
pénible de constater que, pour les faire disparaître, aucun progrès n'a été réalisé. Aucune conquête n'a été obtenue par nous depuis les débuts de la Société, dont les premiers
pas chancelants étaient fatalement livrés à
tous les défauts et à toutes les erreurs, à tous
les tâtonnements et à toutes les hésitations.
Mais pourquoi donc avons-nous si peu obtenu de résultats du côté de la suppression de
la mendicité?

· N'est-elle pas la plus utile des tâches, celle
qui consiste à ne pas laisser une partie de la
nation exploitée par une bande de parias?

N'est-ce donc pas la plus attachante des
uttes, celle qui a pour but d'arracher d'une

espèce d'enfer terrestre tous ces condamnés, dont beaucoup voudraient être sauvés, et cherchent la main amie qui les aidera à la rénovation ?

N'est-ce donc pas, enfin, la plus noble mission qu'on puisse s'imposer que de relever au rang de citoyen tant de déclassés, que de rendre leur dignité humaine à tant de dévoyés qui n'implorent la charité publique que parce qu'on n'a pas eu celle de s'occuper d'eux?

Eh bien, malgré l'utilité de la tâche, malgré la grandeur de la mission, nous avons beau discourir, nous avons beau écrire, nous avons beau tenter des appels réitérés, on ne nous écoute pas, on ne nous lit pas, on ne nous répond pas.

Il serait temps cependant de faire trève à une telle insouciance.

Assez de surdité et d'aveuglement volontaires. Il y va de l'intérêt de tous, de l'intérêt des riches, de l'intérêt des pauvres, car, en assurant le bien-être des uns, on assurera, en même temps, la tranquillité des autres.

Qu'une nouvelle apathie des conducteurs d'hommes ne décourage pas la bonne volonté du troupeau et, qu'au contraire, chacun abandonnant enfin cette théorie du laisser faire, use de son influence pour mener à bien l'œuvre de sauvetage du mendiant.

Il y a des Français qui se sont réunis pour racheter les petits Chinois, et nous n'en trouverions pas pour racheter de grands Français. C'est inadmissible, c'est impossible, et tout compatriote qui voudra bien prendre la peine de me lire, protestera, j'en suis sûr, avec moi, contre un état social qui s'est trop prolongé, et deviendra un des coadjuteurs résolus d'une entreprise difficile certainement, mais à coup sûr très réalisable, car, pour réussir, qu'est-il besoin, en somme, si ce n'est que d'un peu d'initiative.

C'est pourquoi, sachant qu'en France c'est le pays où les hommes d'initiative manquent le moins, je conserve néanmoins de l'espoir dans le succès final de l'œuvre que je préconise.

Je conserve, malgré tout, l'espoir de voir mon pays en finir avec la mendicité, qui est

un opprobre et un reproche, que la misère
empire ou que la paresse suggère, comme
le disait, en un langage plus vert, le précep-
teur de Charles V.

FIN.

TABLE DES MATIÈRES

———

14

210 LA MENDICITÉ

Imprimerie Artistique de l'Utile-Office, 17, galerieVivienne, Paris.

VIEILLES FILLES

Par Marcel DHANYS

Un Volume in-8° : 3 fr. 50

On trouve dans cette série de dialogues alertes, spirituels et vécus, les qualités de style et la finesse psychologique qui ont fait le succès d'une *Élève de Port-Royal* et des *Souvenirs d'une Bleue*, du même auteur.

Extrait du Chapitre VIII (LEUR ÉGOÏSME)

Mlle GERMAIN, *vaincue par ce reproche d'égoïsme qui a pesé sur toute sa vie de vieille fille dévouée.* — Eh bien, amène-moi donc Lucien, mais recommande-lui bien de ne pas trop tourmenter Moumoute.

Mme VERTEIL. — C'est bon, c'est bon, on lui fera la leçon, et puis elle n'en mourra pas, ta Moumoute, quand bien même Lucien la tracasserait un peu.

Mlle GERMAIN. — Cela va te faire une grosse dépense, ce voyage ?

Mme VERTEIL. — Sans doute, il s'agit de bien faire les choses, de ne pas lésiner ; ainsi, la toilette, il faut des toilettes soignées. J'ai fait faire trois costumes à Suzanne un surtout en foulard rose mourant, un poème ! Elle est exquise là-dedans cette petite. Moi je me suis contentée de deux costumes, j'aurai pu m'en passer à la rigueur ; mais tu comprends, je ne puis pas avoir un air misérable.

Mlle GERMAIN. — Puis le voyage, les frais d'hôtel, comment vous en tirerez-vous?

Mme VERTEIL. — Mais nous comptons sur toi pour cela, ma bonne tante.

Mlle GERMAIN, *effarée.* — Sur moi !

Mme VERTEIL, *avec sérénité.* — Sans doute, sur toi. Tu ne penses pas que c'est avec les appointements de mon mari que nous pouvons nous offrir un voyage au bord de de la mer.

Mlle GERMAIN. — Mais c'est impossible, je ne puis pas, moi, il faut au moins mille francs.

Mme VERTEIL, *conciliante.* — Oui, je pense qu'avec beaucoup d'économie, nous nous en tirerons avec mille francs.

Mlle GERMAIN. — Mais je ne les ai pas, moi, ces mille francs.

Mme VERTEIL. — Je croyais que tu devais toucher demain tes coupons du Crédit Foncier.

Mlle GERMAIN, *embarrassée.* — Sans doute, je dois les toucher, mais... *(avec fermeté)* je ne puis pas te les donner.

Mme VERTEIL. — Je serai curieuse de savoir ce qui t'en empêche.

Mlle GERMAIN. — Mais tu sais bien que mes revenus sont très justes.

Mᵐᵉ Verteil. — Oui, oui, oh ! je la connais, celle-là ! Pourvu que tu vives bien tranquillement, bien largement, bien égoïstement, qu'est-ce que ça te fait, ta famille ? J'ai une nièce à marier, qu'est-ce que ça me fait à moi ! Qu'elle se débrouille ! Si elle ne trouve pas de mari, elle en sera quitte pour rester, comme moi, vieille fille.

Mˡˡᵉ Germain. — Permets...

Mᵐᵉ Verteil. — Rien du tout, c'est bon pour toi cette vie égoïste : ne penser qu'à soi, n'aimer que soi ; mais je m'en serais pas accommodée, moi ; Suzanne ne s'en accommoderait pas ; nous ne sommes pas des égoïstes, nous !

Mˡˡᵉ Germain. — Mais j'aime Suzanne, je me suis occupée d'elle, n'ai-je point payé les frais de son éducation ?

Mᵐᵉ Verteil. — Il ne te manquait que de lui reprocher à cette enfant, d'avoir payé son éducation ?

Mˡˡᵉ Germain. — Mais je ne reproche rien, je...

Mᵐᵉ Verteil. — Payé son éducation, la belle affaire ! L'éducation n'est pas tout, je pense, il a fallu la nourrir, cette petite, l'habiller ! Est-ce que nous faisons tant d'embarras pour ça ? Est-ce que nous le lui reprochons, à notre Suzanne, de l'avoir nourrie et habillée ! Payée son éducation ! nous voilà bien avancés si, faute d'un misérable billet de mille francs pour la produire, nous ne pouvons la marier ! Sacrifier ainsi cette pauvre enfant, pousser l'égoïsme...

Mˡˡᵉ Germaiee, *commençant à fléchir sous le poids de cette éternelle accusation d'égoïsme.* — Si seulement tu pouvais te contenter de cinq cents francs.

Mᵐᵉ Verdier. — Il va sans dire que si je te demande mille francs, c'est que je ne puis pas me contenter de cinq cents francs. Crois-tu qu'il est agréable pour moi de venir t'implorer, m'humilier ? Il faut bien que ce soit pour mes enfants ; sans quoi... *(avec une noble fierté)* : Mais je ne suis pas égoïste, moi !

Mˡˡᵉ Germain, *vaincue et aspirant à égaler la noblesse d'âme de sa nièce.* — Eh bien donc je me passerai de bonne. *(Allant vers la commode et prenant dans un tiroir un petit paquet de coupons).* — Voilà les coupons, tu te feras toucher toi-même.

Mᵐᵉ Verteil. — Cette bonne tante, toujours bien aise de s'éviter les embarras ; c'est assommant tu, sais d'attendre à la recette ; on en a bien pour une heure.

Mˡˡᵉ Germain. — Je croyais...

Mᵐᵉ Verteil, *conciliante.* — Oh! ça ne fait rien, je te remercie tout de même. Et, tu sais, au fond, c'est un service que je te rends — de te demander cet argent.

Mˡˡᵉ Germain. — ???

Mᵐᵉ Verteil. — Mais oui, tu ne prendras pas de bonne, et tu t'en trouveras bien ; la vie active est nécessaire à ta santé.

PETITE BIBLIOTHÈQUE JURIDIQUE

Par PAUL ROUE

Licencié en droit, Avocat à la Cour d'Appel

PRIX DE CHAQUE VOLUME : 0 fr. 50, PAR LA POSTE, 0, 60

Volumes déjà parus :

1 MARIAGE. — Conditions, Formalités, Obligations réciproques, etc.
2 CONTRATS DE MARIAGE. — Communauté, Pas de communauté, Régime dotal.
3 DIVORCE. — Loi, Causes, Procédure, Effets, etc.
4 SÉPARATION DE CORPS ET DE BIENS. — Législation, Procédure, Effets, etc.

(Les quatre parties réunies en un volume : 1 fr.)

17 CODE DES LOCATIONS. — Locataires, Propriétaires, Concierges, Usages locaux. *(Nouvelle édition)* — 11e mille.
27 CODE DOMESTIQUE. — Maîtres et serviteurs, Employés, Convoy. Bureaux de placement.
25 FAILLITE. — Liquidation judiciaire, Banqueroute, Réhabilitation.

Envoi franco du Catalogue des ouvrages de cette Collection qui doivent paraître successivement.

POUR PARAITRE SUCCESSIVEMENT :

5 ENFANTS. — Droits, Arbre généal., Nourrices, Travail, etc.
6 MINORITÉ. — Tutelle, Émanc., Famille, Majorité, Conseil judiciaire, etc.
7 CODE DE LA FEMME. — Mineure, Majeure, Mariée, Commerç., etc.
8 DROITS CIVILS. — Actes, Jouissance, Privation, Domicile, Absence, etc.
9 DROITS POLITIQUES. — Egalité, Inviolabilité, Lois et listes élec.
10 SERVICE MILITAIRE. — Loi, Recrut., Réquisition. Code militaire.
11 IMPOSITIONS. — Cote personnelle, Contribut., Patentes, Prestat.
12 PROPRIÉTÉ. — Usufruit, Servitudes, Exprop., Prop. litt. et artist.

POUR LES AUTRES OUVRAGES, DEMANDER LE CATALOGUE

Mme VERTEIL. — Oui, oui, oh! je la connais, celle-là! Pourvu que tu vives bien tranquillement, bien largement, bien égoïstement, qu'est-ce que ça te fait, ta famille? J'ai une nièce à marier, qu'est-ce que ça me fait à moi! Qu'elle se débrouille! Si elle ne trouve pas de mari, elle en sera quitte pour rester, comme moi, vieille fille.

Mlle GERMAIN. — Permets...

Mme VERTEIL. — Rien du tout, c'est bon pour toi cette vie égoïste : ne penser qu'à soi. n'aimer que soi; mais je m'en serais pas accommodée, moi; Suzanne ne s'en accommoderait pas; nous ne sommes pas des égoïstes, nous!

Mlle GERMAIN. — Mais j'aime Suzanne, je me suis occupée d'elle, n'ai-je point payé les frais de son éducation?

Mme VERTEIL. — Il ne te manquait que de lui reprocher à cette enfant, d'avoir payé son éducation?

Mlle GERMAIN. — Mais je ne reproche rien, je...

Mme VERTEIL. — Payé son éducation, la belle affaire! L'éducation n'est pas tout, je pense, il a fallu la nourrir, cette petite, l'habiller! Est-ce que nous faisons tant d'embarras pour ça? Est-ce que nous le lui reprochons, à notre Suzanne, de l'avoir nourrie et habillée! Payée son éducation! nous voilà bien avancés si, faute d'un misérable billet de mille francs pour la produire, nous ne pouvons la marier! Sacrifier ainsi cette pauvre enfant, pousser l'égoïsme...

Mlle GERMAIEE, *commençant à fléchir sous le poids de cette éternelle accusation d'égoïsme.* — Si seulement tu pouvais te contenter de cinq cents francs.

Mme VERDIER. — Il va sans dire que si je te demande mille francs, c'est que je ne puis pas me contenter de cinq cents francs. Crois-tu qu'il est agréable pour moi de venir t'implorer, m'humilier? Il faut bien que ce soit pour mes enfants; sans quoi... (*avec une noble fierté*) : Mais je ne suis pas égoïste, moi!

Mlle GERMAIN, *vaincue et aspirant à égaler la noblesse d'âme de sa nièce.* — Eh bien donc je me passerai de bonne. (*Allant vers la commode et prenant dans un tiroir un petit paquet de coupons*). — Voilà les coupons, tu les feras toucher toi-même.

Mme VERTEIL. — Cette bonne tante, toujours bien aise de s'éviter les embarras; c'est assommant tu, sais d'attendre à la recette; on en a bien pour une heure.

Mlle GERMAIN. — Je croyais...

Mme VERTEIL, *conciliante.* — Oh! ça ne fait rien, je te remercie tout de même. Et, tu sais, au fond, c'est un service que je te rends — de te demander cet argent.

Mlle GERMAIN. — ???

Mme VERTEIL. — Mais oui, tu ne prendras pas de bonne, et tu t'en trouveras bien; la vie active est nécessaire à ta santé.

PETITE BIBLIOTHÈQUE JURIDIQUE
Par PAUL ROUÉ
Licencié en droit, Avocat à la Cour d'Appel

PRIX DE CHAQUE VOLUME : 0 fr. 50, PAR LA POSTE, 0, 60

Volumes déjà parus :

1 MARIAGE. — Conditions, Formalités, Obligations réciproques, etc.
2 CONTRATS DE MARIAGE. — Communauté, Pas de communauté, Régime dotal.
3 DIVORCE. — Loi, Causes, Procédure, Effets, etc.
4 SÉPARATION DE CORPS ET DE BIENS. — Législation, Procédure, Effets, etc.

(Les quatre parties réunies en un volume : 1 fr.)

17 CODE DES LOCATIONS. — Locataires, Propriétaires, Concierges, Usages locaux. *(Nouvelle édition)* — 11e mille.
27 CODE DOMESTIQUE. — Maîtres et serviteurs, Employés, Commvoy. Bureaux de placement.
25 FAILLITE. — Liquidation judiciaire, Banqueroute, Réhabilitation.

Envoi franco du Catalogue des ouvrages de cette Collection qui doivent paraître successivement.

POUR PARAITRE SUCCESSIVEMENT :

5 ENFANTS. — Droits, Arbre généal., Nourrices, Travail, etc.
6 MINORITÉ. — Tutelle, Emanc., Famille, Majorité, Corseil judiciaire, etc.
7 CODE DE LA FEMME. — Mineure, Majeure, Mariée, Commerc., etc,
8 DROITS CIVILS. — Actes, Jouissance, Privation, Domicile. Absence, etc.
9 DROITS POLITIQUES. — Egalité, Inviolabilité, Lois et listes élec.
10 SERVICE MILITAIRE. — Loi, Recrut., Réquisition Code militaire.
11 IMPOSITIONS. — Cote personnelle, Contribut., Patentes, Prestat.
12 PROPRIÉTÉ. — Usufruit, Servitudes, Expropr., Prop. litt. et artist.

POUR LES AUTRES OUVRAGES, DEMANDER LE CATALOGUE